# Mit olympischem Verkaufen zum Erfolg

# Lizenz zum Wissen.

Sichern Sie sich umfassendes Wirtschaftswissen mit Sofortzugriff auf tausende Fachbücher und Fachzeitschriften aus den Bereichen: Management, Finance & Controlling, Business IT, Marketing, Public Relations, Vertrieb und Banking.

Exklusiv für Leser von Springer-Fachbüchern: Testen Sie Springer für Professionals 30 Tage unverbindlich. Nutzen Sie dazu im Bestellverlauf Ihren persönlichen Aktionscode C0005407 auf *www.springerprofessional.de/buchkunden/*

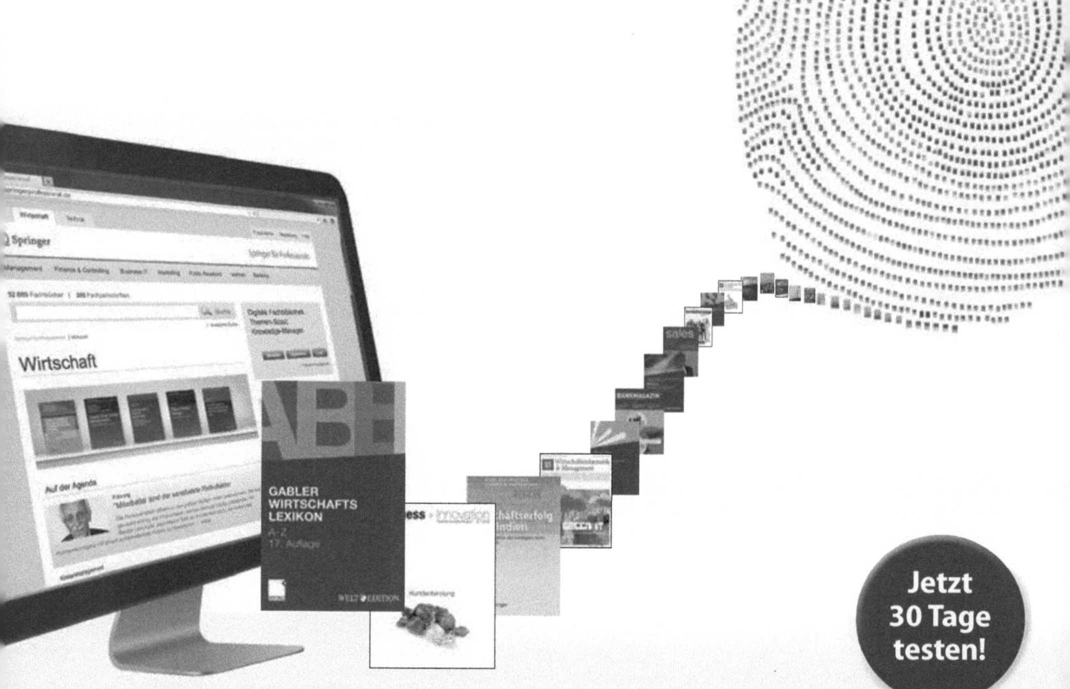

**Jetzt 30 Tage testen!**

Springer für Professionals.
Digitale Fachbibliothek. Themen-Scout. Knowledge-Manager.

- Zugriff auf tausende von Fachbüchern und Fachzeitschriften
- Selektion, Komprimierung und Verknüpfung relevanter Themen durch Fachredaktionen
- Tools zur persönlichen Wissensorganisation und Vernetzung

*www.entschieden-intelligenter.de*

Springer für Professionals  Springer

Rainer Frieß

# Mit olympischem Verkaufen zum Erfolg

## So werden Sie ein Top-Verkäufer

4. Auflage

Rainer Frieß
Flörsheim-Dalsheim
Deutschland

Die 1., 2. und 3. Auflage sind 2010, 2012 und 2013 unter dem Titel „Verkaufen auf olympischem Niveau" bei der Görres-Druckerei und Verlag GmbH, Koblenz erschienen.

ISBN 978-3-658-05648-3        ISBN 978-3-658-05649-0 (eBook)
DOI 10.1007/978-3-658-05649-0

Die Deutsche Nationalbibliothek verzeichnet diese Publikation in der Deutschen Nationalbibliografie; detaillierte bibliografische Daten sind im Internet über http://dnb.d-nb.de abrufbar.

Springer Gabler
© Springer Fachmedien Wiesbaden 2015
Das Werk einschließlich aller seiner Teile ist urheberrechtlich geschützt. Jede Verwertung, die nicht ausdrücklich vom Urheberrechtsgesetz zugelassen ist, bedarf der vorherigen Zustimmung des Verlags. Das gilt insbesondere für Vervielfältigungen, Bearbeitungen, Übersetzungen, Mikroverfilmungen und die Einspeicherung und Verarbeitung in elektronischen Systemen.

Die Wiedergabe von Gebrauchsnamen, Handelsnamen, Warenbezeichnungen usw. in diesem Werk berechtigt auch ohne besondere Kennzeichnung nicht zu der Annahme, dass solche Namen im Sinne der Warenzeichen- und Markenschutz-Gesetzgebung als frei zu betrachten wären und daher von jedermann benutzt werden dürften.

Gedruckt auf säurefreiem und chlorfrei gebleichtem Papier

Springer Gabler ist eine Marke von Springer DE. Springer DE ist Teil der Fachverlagsgruppe Springer Science+Business Media
www.springer-gabler.de

# Vorwort von Christa Kinshofer

Als ich das Buch von Rainer Frieß in den Händen hielt und den Titel las, wurde ich natürlich sofort an meine Zeit als Spitzensportlerin und Olympia-Medaillengewinnerin erinnert, und ich stellte mir die Frage: Was haben Spitzensportler und Spitzenverkäufer gemeinsam? Was zeichnet sie aus?

Die meisten Leute glauben, dass Begabung die wichtigste Voraussetzung für einen Leistungssportler ist. Leider gibt es aber im Sport sehr viele begabte Sportler, die nie den großen Durchbruch schaffen und es deshalb auch nicht bis an die Spitze bringen. Darum geht es auch in meinem eigenen Buch: Helden werden nicht gewürfelt.

Am Anfang waren es bei mir Freude und sehr viel Spaß. Und aus dem Spaß am Skifahren wurde meine große Leidenschaft. Denn meine Devise lautet: „Ohne Leidenschaft kein Erfolg."

Der Wunsch zu lernen, immer besser und schneller zu werden, trieb mich an. Ich trainierte mit erstklassigen Trainern, Skitechnikern, arbeitete hart und wurde immer besser. Dann kamen die ersten Siege, die mich beflügelten und von Sieg zu Sieg trieben.

Doch irgendwann kommt dann der entscheidende Punkt. Die persönliche Weiterentwicklung stagniert, andere Interessen kommen hinzu, der Ehrgeiz und die Zielfokussierung gehen zeitweilig verloren. An diesem Punkt steigen viele aus. Das unterscheidet mich von vielen anderen, sehr guten Sportlern. Ich verliere nie mein Ziel aus den Augen. Ich wollte es unbedingt an die Spitze schaffen und war bereit, dafür sehr hart zu trainieren. Dies war nicht immer leicht, denn Verletzungen werfen einen wieder zurück, starke Konkurrentinnen kommen hinzu und es verlangt sehr viel Disziplin und Training, um über Jahre an der Spitze zu bleiben. Nur so wird man zum Siegertyp!

Genau dies hat der Sport mit dem Vertrieb gemeinsam. Auch hier reicht Begabung allein nicht aus. Auch Spitzenverkäufer müssen ihre Techniken im Schlaf beherrschen, und dafür ist ein permanentes Training und Reflektieren des eigenen

Verhaltens erforderlich. Denn dies steigert die persönliche Verkaufskompetenz und somit den Umsatz und das Gehalt – kurzum den Erfolg. Dies arbeitet Rainer Frieß in diesem Buch anschaulich und komprimiert heraus. Und mit den Sportmetaphern vermittelt er sehr verständlich und einprägsam die Zusammenhänge und Erfolgsfaktoren im Vertrieb.

Christa Kinshofer
Dreifache
Olympia-Medaillengewinnerin
und mehrfache Weltcup-Siegerin
im Skirennlaufen
www.christa-kinshofer.com

# Was Sie von diesem Buch erwarten können

Dieses Buch vermittelt Ihnen die wesentlichsten Verkaufstechniken und das notwendige Wissen über die verschiedenen Kundentypen nach INSIGHTS MDI® in sehr komprimierter Form und bietet durch eine zielorientierte, kurze und prägnante Schreibweise einen praktischen Nutzen.

Teil I vermittelt Ihnen einen Überblick über die Phasen des Verkaufsgesprächs und worauf es in jeder Phase am meisten ankommt. Außerdem werden die grundlegenden Kommunikationsregeln erläutert.

In Teil II werden die verschiedenen Kundentypen dargestellt. Sie erfahren hier, welcher Persönlichkeitstyp Sie selbst sind, wie Sie mit den verschiedenen Kundentypen am besten umgehen und welche Verkaufstechniken Sie dabei erfolgreich unterstützen.

In Teil III erhalten Sie konkrete, praktische Tipps für erfolgreiches Verkaufen im Alltag. Die Tipps basieren auf den gewonnenen Erkenntnissen aller meiner Kunden und Seminarteilnehmer sowie meiner Erfahrung aus über 25 Trainerjahren im Vertrieb.

Dieses Buch erhöht Ihre Erfolgschancen bei Kunden, an denen Sie sich bisher „die Zähne ausgebissen haben" und nicht zum gewünschten Ziel kamen. Außerdem verbessert sich Ihre Chance, die Umsätze und Renditen mit Ihren derzeitigen Kunden weiter auszubauen.

Ich wünsche Ihnen viel Spaß und wesentliche Erkenntnisse beim Lesen dieses Buches, damit auch Sie noch erfolgreicher werden.

Im September 2014

Rainer Frieß
Am Pfortengarten 40
67592 Flörsheim-Dalsheim
Tel. 06247-900 480
Mail: info@rainerfriess.de

# Über den Autor

**Rainer Frieß** ist Diplom-Betriebswirt (BA) und hat sich bereits während seines Studiums auf Absatz und Marketing spezialisiert. Bei einem Automobilhersteller in Stuttgart lernte er das Trainingsgeschäft, bevor er bei einem Einzelhandelskonzern als leitende Führungskraft das Verkaufstraining für 5000 Verkäufer konzipierte und durchführte.

Er ist seit 1989 als Verkaufs- und Führungskräftetrainer und Vertriebsberater selbständig. Seit 2007 ist er geschäftsführender Gesellschafter der Sellympia GmbH. Seine Schwerpunkte sind: Vertriebsberatung und Verkaufstraining auf Top-Niveau. Die Vertriebsberatung umfasst die Positionierung des Unternehmens, die Sichtung und Auswahl der Verkäufer, die richtige Verkaufsstrategie sowie Beratung und Coaching des Managements und Verkaufstrainings mit dem Schwerpunkt „Typgerechtes Verkaufen" auf Basis der Sellympia® Konzeption. Er qualifiziert seit über 25 Jahren Verkäufer und Außendienstler und berät Geschäftsführer, Führungskräfte und Verkäufer darin, wie sie die Rendite ihres Vertriebes optimieren können. Zu seinen Kunden gehören die Marktführer zahlreicher Branchen sowie viele Top-Adressen der deutschen Wirtschaft. Inzwischen zählt er zu den profiliertesten und erfolgreichsten Vertriebsberatern und Verkaufstrainern im deutschsprachigen Raum.

Im Jahr 2000 erhielt er den Deutschen Trainingspreis „Certificate of Excellence" für seine Verkaufstrainingskonzeption Sellympia®. Diese entwickelt er permanent weiter und im Jahr 2014/2015 steht er mit dem weiterentwickelten Konzept im Finale um den Internationalen Deutschen Trainingspreis.

Weitere Infos unter:
www.rainerfriess.de und www.sellympia.de

# Inhaltsverzeichnis

**1 Einleitung: Optimale Rahmenbedingungen für den Verkaufserfolg** ... 1
   1.1 Ihre Positionierung und strategisches Verkaufen
– neue Zielgruppen, neue Märkte gewinnen
und A-Kunden ausbauen? ............................... 3
   1.2 Marketing und Werbemittel – helfen Sie den Verkäufern
beim Verkaufen? ....................................... 3
   1.3 Marktausrichtung Ihrer Organisation – begeistern
Sie die Kunden? ....................................... 3
   1.4 Verkäuferauswahl – die Besten finden! ..................... 4
   1.5 Kompakte Basisverkäuferausbildung – Begabung
gezielt fördern! ....................................... 4
   1.6 LeistungsTuning der Spitzenverkäufer – sie sind die
Speerspitze der Rendite! ............................... 4
   1.7 LeistungsTuning der Führungskräfte – Ziele setzen,
coachen, motivieren! ................................... 5

**Teil I Phasen des Verkaufsgesprächs und Grundlagen der kundenorientierten Gesprächsführung**

**2 Phasen des Verkaufsgespräches** ............................. 9
   2.1 Vorbereitungsphase .................................... 9
   2.2 Einstiegs- und Eröffnungsphase .......................... 12
   2.3 Bedarfsanalysephase ................................... 13
   2.4 Angebotsphase ........................................ 14
   2.5 Abschlussphase ....................................... 16
   2.6 Nachbereitungsphase .................................. 17

| 3 | Grundlagen kundenorientierter Gesprächsführung | 21 |
|---|---|---|
| | 3.1 Voraussetzungen | 22 |
| | 3.2 Kundenorientierte Ausdrucksweise | 22 |
| | 3.3 Aufmerksames und genaues Hinhören | 23 |
| | 3.4 Aktives Hinhören | 25 |
| | 3.5 Kundenorientierte Kommunikation | 25 |

**Teil II  Die verschiedenen Persönlichkeitstypen erkennen und sich adäquat verhalten**

| 4 | Die INSIGHTS MDI®-Persönlichkeitstypologie | 33 |
|---|---|---|
| | 4.1 Die vier Grundtypen nach INSIGHTS MDI® – So erkennen Sie den Typus Ihrer Kunden | 34 |
| |     4.1.1 Der rote Kunde | 38 |
| |     4.1.2 Der gelbe Kunde | 40 |
| |     4.1.3 Der grüne Kunde | 42 |
| |     4.1.4 Der blaue Kunde | 43 |
| | 4.2 Typische Erkennungsmerkmale der vier Grundtypen nach INSIGHTS MDI® | 45 |
| |     4.2.1 Typische Erkennungsmerkmale des Rot-Dominanten | 45 |
| |     4.2.2 Typische Erkennungsmerkmale des Gelb-Dominanten | 47 |
| |     4.2.3 Typische Erkennungsmerkmale des Grün-Dominanten | 49 |
| |     4.2.4 Typische Erkennungsmerkmale des Blau-Dominanten | 51 |
| | 4.3 Übersichten zum schnelleren Erkennen der verschiedenen Persönlichkeitstypen und zum erfolgreichen Umgang mit ihnen | 53 |

**Teil III  Olympisch Verkaufen mit den effizientesten Methoden und Verkaufstechniken in den jeweiligen Verkaufsphasen**

| 5 | Die effizientesten Methoden und Verkaufstechniken in den jeweiligen Phasen | 63 |
|---|---|---|
| | 5.1 Die optimale Vorbereitung in der Praxis | 63 |
| |     5.1.1 Die Tourenplanung | 63 |
| |     5.1.2 Telefonische Terminvereinbarung | 64 |
| |     5.1.3 Die A-B-C-Analyse | 70 |
| | 5.2 Kundenorientierte Gesprächsführung in der Eröffnungsphase | 72 |
| | 5.3 Kundenorientierte Gesprächsführung in der Bedarfsanalysephase | 75 |
| |     5.3.1 Vorteile durch Fragen | 76 |
| |     5.3.2 Fragearten | 76 |
| |     5.3.3 Sieben Regeln zur Fragetechnik | 84 |

| | | | |
|---|---|---|---|
| 5.4 | Kundenorientierte Gesprächsführung in der Angebotsphase | | 85 |
| | 5.4.1 Die Produktpräsentation mit Nutzendarstellung | | 86 |
| | 5.4.2 Methodik der Einwandbehandlung | | 90 |
| | 5.4.3 Methoden der erfolgreichen Preisverhandlung | | 98 |
| 5.5 | Kundenorientierte Gesprächsführung in der Abschlussphase | | 103 |
| | 5.5.1 Kauf- bzw. Abschlusssignale | | 103 |
| | 5.5.2 Abschlusstechniken | | 105 |
| | 5.5.3 Verhalten bei und nach dem Gesprächsabschluss | | 107 |
| 5.6 | Optimale Nachbereitung in der Praxis | | 108 |

**Zum guten Schluss ...** .......................................... 109

**Anhang** ................................................................ 111

# Einleitung: Optimale Rahmenbedingungen für den Verkaufserfolg

Sellympia® steht für „Selling" und „Olympia", Verkaufen auf olympischem Niveau mit dem Ziel, die Rendite im Vertrieb deutlich zu steigern. Denn im Vertrieb ist es wie im Sport.

Wenn eine Spitzensportlerin, wie zum Beispiel Christa Kinshofer, im Slalom gewinnen will, so entscheidet häufig das „etwas mehr" – eine Zehntel- oder gar Hundertstelsekunde (s. Abb. 1.1).

Die Kunden entscheiden sich nicht gegen den Kauf bei Ihnen, weil das Produkt, der Verkäufer oder das Angebot viel schlechter waren als das der Mitbewerber. Sie entscheiden sich dagegen, weil vielleicht drei oder fünf Prozent gefehlt haben. Also verbessern Sie Ihre Ergebnisse spürbar, indem Sie die Schlüsselfaktoren des Vertriebes „tunen". Eine Verbesserung bis ins letzte Detail – wie bei Spitzensportlern.

Dieses Mehr an Leistung kann der Spitzensportler aber nur dann abrufen, wenn er sich voll auf seinen Sport und sein Training konzentrieren kann. Spitzensportler haben deshalb immer einen Manager, der ihnen unangenehme Dinge abnimmt und für sie ein ideales Umfeld schafft. So braucht Christa Kinshofer einen optimal präparierten Ski und einen perfekten Trainingsplan für die jeweiligen Disziplinen und Hänge an den verschiedenen Orten. Sie muss sich voll auf ihr Training konzentrieren können und trainieren, trainieren und nochmals trainieren. Denn Begabung allein reicht im Spitzensport nicht aus.

So soll Boris Becker einst in einem Interview über Michael Stich behauptet haben, dass dieser der begabtere Tennisspieler sei. Der erfolgreichste deutsche Tennisspieler war aber Boris Becker. Und als Grund sagte Boris Becker, dass er immer noch eine Stunde länger trainiert habe, nachdem Michael Stich sein Training beendet hatte.

**Abb. 1.1** Sportler beim Zieldurchlauf. (Quelle: Strandperle, Purestock)

Als die besten deutschen Fußballmannschaften um die Jahrtausendwende den spanischen, englischen und italienischen Spitzenmannschaften leistungsmäßig hinterherliefen, führten der Deutsche Fußball-Bund sowie viele Bundesligamannschaften die systematische Sichtung von jugendlichen Fußballspielern ein und begannen mit einer konsequenten Ausbildung dieser jungen Spieler. Es wurden Sportschulen und Leistungszentren geschaffen, in denen Jugendliche von Profitrainern regelmäßig geschult wurden und ihren Schulabschluss machen konnten. Dies war die Basis und Voraussetzung für die Stärke unserer heutigen Nationalmannschaft. So wurden wir 2014 Fußball-Weltmeister in Brasilien.

Genauso müssen wir es in der Wirtschaft, im Vertrieb machen, wenn wir das „etwas Mehr" an Leistung erzielen wollen. Deshalb sollten wir die sieben wichtigsten Schlüsselfaktoren des Vertriebs genau analysieren und mit geeigneten Maßnahmen optimieren. Das bedeutet, dass die Firma, die vertreten wird, eine klare Positionierung hat und diese der Zielgruppe auch bekannt ist. Es werden also Verkaufsunterlagen benötigt, die die Alleinstellungsmerkmale dieser Firma herausstellen, damit der Verkäufer diese im Verkaufsgespräch kundenorientiert vermitteln kann. Eine erfolgreiche Marketingstrategie und optimale Rahmenbedingungen erleichtern die Erfolge. Anbei einige Fragen und Impulse im Bereich der Schlüsselfaktoren zur Renditesteigerung im Vertrieb:

## 1.1 Ihre Positionierung und strategisches Verkaufen – neue Zielgruppen, neue Märkte gewinnen und A-Kunden ausbauen?

In der heutigen Zeit der weltweiten Märkte und des Internets gibt es keine Branche mehr, in der die Wettbewerber nicht ähnliche Produkte/Dienstleistungen anbieten. Das heißt, eine Differenzierung allein über die Produkte/Dienstleistung wird immer schwieriger. Deshalb ist es ungemein wichtig, sich klar zu positionieren und vom Wettbewerb abzugrenzen. Die richtige Positionierung ist entscheidend.

- Haben Sie zukunftsfähige Produkte/Dienstleistungen?
- Worin unterscheiden Sie sich aus Kundensicht erkennbar von Ihren Wettbewerbern? (Alleinstellungsmerkmale?)
- Welchen neuen Markt und welche neue, attraktive und rentable Zielgruppe wollen Sie mit welchen Verkaufsstrategien erobern?
- Haben Sie alles (Produkte, Dienstleistung, Verkaufsraum, Schaufenster, Webseite, Werbung, Verkäufer, Schriftverkehr, Angebotsgestaltung etc.) auf diesen Markt/Zielgruppe ausgerichtet?
- Wie können Sie den Umsatz mit Ihren A-Kunden deutlich erhöhen?

## 1.2 Marketing und Werbemittel – helfen Sie den Verkäufern beim Verkaufen?

Werbefachleute, Marketing und Verkäufer – meist treffen zwei Welten aufeinander. Deshalb:

- Wie hilfreich sind die Verkaufsunterlagen für das Verkaufsgespräch?
- Wie verständlich und komprimiert wird der Nutzen der Produkte dargestellt und wie übersichtlich wird er präsentiert?
- Wie werden neue Werbe- und Verkaufsunterlagen, Verpackungen etc. bei den Verkäufern eingeführt? Wird der Umgang damit trainiert?
- Wie gerne werden die Unterlagen in der Praxis vom Verkäufer eingesetzt?

## 1.3 Marktausrichtung Ihrer Organisation – begeistern Sie die Kunden?

Bestellen Sie im Sommer einmal ein Auto mit Winterreifen. Da hören Sie von fast allen Herstellern: „Das geht nicht!"

- Wie gut ist Ihre Unternehmensorganisation auf den Kunden ausgerichtet?
- In welchen Bereichen ist sie optimal?
- In welchen Bereichen herrscht noch Optimierungspotenzial?

## 1.4 Verkäuferauswahl – die Besten finden!

In wirtschaftlich guten Zeiten werden einige Mitarbeiter schnell satt und selbstzufrieden.

- Wie sieht das in Ihrem Unternehmen aus?
- Welche sind die Spitzenverkäufer?
- Wie wird das objektiv gemessen?
- Bei welchen Verkäufern besteht Handlungsbedarf?
- Welcher konkrete Handlungsbedarf besteht bei wem?

## 1.5 Kompakte Basisverkäuferausbildung – Begabung gezielt fördern!

Aller Anfang ist schwer, deshalb wird erst in der Schule, im Sport oder im Beruf ausgebildet und erst dann geht es in die Praxis.

- Was können die Neu-Verkäufer nach ihrer Basisausbildung gut?
- Wo liegen noch Verbesserungspotenziale?
- Woran erkennen Sie das?
- Wie gehen Sie das an?

## 1.6 LeistungsTuning der Spitzenverkäufer – sie sind die Speerspitze der Rendite!

Spitzensportler trainieren sehr hart. Nur so bleiben sie an der Spitze.

- Wie werden Spitzenverkäufer gepuscht und motiviert?
- Was wird für deren Weiterqualifizierung getan? Hier rechnet es sich für ein Unternehmen am meisten, da Spitzenverkäufer stets erfolgsorientiert, willig und motiviert sind.
- Wie können die anderen Verkäufer davon profitieren?

- Wie werden Spitzenverkäufer an das Unternehmen gebunden?
- Wie sehr lohnt es sich für Verkäufer, Spitzenverkäufer zu sein?

## 1.7 LeistungsTuning der Führungskräfte – Ziele setzen, coachen, motivieren!

Die Führungskräfte sind die Multiplikatoren im Vertrieb. Sie sind maßgeblich für den Erfolg verantwortlich. Meist werden die erfolgreichsten Verkäufer zur Führungskraft ernannt, obwohl eine Führungskraft andere Kompetenzen benötigt – ohne gezielt darauf vorbereitet zu werden.

- Wie sieht das bei Ihnen aus?
- Wo liegen die Stärken und Entwicklungspotenziale der einzelnen Führungskräfte?
- Wie gezielt werden deren Stärken genutzt?
- Wie werden deren Entwicklungspotenziale gefördert?
- Beherrschen die Führungskräfte „Führen mit Zielen" und Mitarbeitermotivation?
- Wie gut unterstützen die Führungskräfte ihre Verkäufer dabei, Spitzenverkäufer zu werden (Coaching)?

### Schlüsselfrage

Wurde all das bei Ihnen schon alles sauber ausgearbeitet, schriftlich fixiert, und wird dies auch von allen Mitarbeitern gelebt und kommuniziert?

Das Sellympia®-Team unterstützt Sie gerne bei der Optimierung der sieben Schlüsselfaktoren. Wenn Sie die Rendite signifikant steigern wollen, dann müssen wirklich alle, das heißt Geschäftsleitung, Führungskräfte und alle Innendienst- und Außendienstmitarbeiter, an einem Strang ziehen (s. Abb. 1.2). Sicherlich eine nicht einfache, aber äußerst lohnenswerte Aufgabe.

Dieses Buch ist die Grundlage für eine qualifizierte, kompakte Basisverkäuferausbildung.

**Abb. 1.2** Alle ziehen an einem Strang. (Quelle: Strandperle, Comstock)

# Teil I
# Phasen des Verkaufsgesprächs und Grundlagen der kundenorientierten Gesprächsführung

# Phasen des Verkaufsgespräches 2

Der Ablauf eines Verkaufsgespräches lässt sich mit der Sportmetapher anhand des 110-Meter-Hürdenlaufs sehr einprägsam verdeutlichen und in folgende Phasen untergliedern (s. Abb. 2.1):

- Vorbereitungsphase
- Eröffnungsphase
- Bedarfsanalysephase
- Angebotsphase
- Abschlussphase
- Nachbereitungsphase

Jede dieser Phasen weist – wie bei einem 110-Meter-Hürdenlauf – spezifische Charakteristika und Ziele auf. Deshalb ist es wichtig, sich mit den eigenen Aufgaben und den Wünschen seines Gesprächspartners in jeder Phase auseinanderzusetzen.

## 2.1 Vorbereitungsphase

Vor dem Rennen bereitet sich jeder Sportler mental vor (s. Abb. 2.2). Er stimmt sich auf seine Gegner ein, legt sich eine Strategie zurecht und nimmt in Gedanken alle Hürden reibungslos, um am Schluss noch einmal alles zu geben. Er sieht sich vor seinen Konkurrenten durch das Ziel laufen und auf dem Siegertreppchen. So puscht er sich voller Adrenalin, um als Sieger aus dem Wettkampf hervorzugehen.

© Springer Fachmedien Wiesbaden 2015
R. Frieß, *Mit olympischem Verkaufen zum Erfolg*,
DOI 10.1007/978-3-658-05649-0_2

**Abb. 2.1** Phasen des Verkaufsgespräches im Sellympia®-Koffer. (Quelle: eigenes Bild)

**Abb. 2.2** Eine gute Vorbereitung ist die halbe Miete. (Quelle: Agenzia Visione, Fotolia)

## 2.1 Vorbereitungsphase

**Im Verkauf ist es wichtig, sich bei der Vorbereitung Gedanken zu machen über**

- **den Gesprächspartner:** Stellung im Unternehmen, Entscheidungskompetenz, persönliche Daten, letztes Gespräch, konkreter Aufhänger für Gesprächseinstieg, INSIGHTS MDI®-Typologie des Kunden etc.
- **das Unternehmen des Kunden:** Betriebsgröße, Organisationsstruktur, Einfluss auf Umfeld, aktive Wettbewerbssituation etc.
- **die Frage: Wer sind meine A-B-C-Kunden?** Wie kann ich den Umsatz bei meinen A-Kunden um 30 oder 50 % steigern? Mit welcher Strategie?
- **mögliche eigene Hemmnisse:** negative Infos, Vorurteile, frühere Fehler, Tagesform, mangelnde Vorbereitung etc.
- **mögliche Hemmnisse beim Kunden:** falsche Zeit, Budgetprobleme, finanzieller Engpass, interessantes Alternativprodukt, Antipathie mir bzw. dem Unternehmen gegenüber etc.
- **meine konkreten Gesprächsziele:** Erstkontakt knüpfen, Interesse schaffen, begeistern, gute Stimmung schaffen, entscheidungsrelevante Daten vermitteln, Abschluss in Form von konkreten Zwischenzielen, Kaufabschluss, Empfehlung etc.
- **meine auf den Kunden abgestimmte Gesprächsstrategie:** Wie begrüße ich den Kunden? Welchen Spannungsbogen baue ich auf? Was verkaufe ich zuerst, was spreche ich zuletzt an? Verkaufe ich eher sachlich über Mehrwert-Argumente oder emotional? Wie gehe ich den Abschluss an? Welche Argumente habe ich für den Preiskampf? Komme ich alleine oder nehme ich jemanden mit?
- **mögliche Informationen, Demonstrationshilfen:** Prospekte, Unterlagen, alte Aufträge, Studien, Live-Vorführungen etc.

Das Ziel der Vorbereitung ist:

- Eine attraktive Gesprächseröffnung (Aufhänger) zu finden
- Eine positive Stimmung zu erzeugen
- Das Produkt mit seinem Mehrwert typgerecht zu präsentieren
- Als kompetenter, zuverlässiger Gesprächspartner aufzutreten
- Konkrete Gesprächsziele und eine Strategie festzulegen

**Abb. 2.3** Volle Konzentration und Zielfokussierung. (Quelle: Strandperle, Comstock)

## 2.2 Einstiegs- und Eröffnungsphase

Beim 110-Meter-Hürdenlauf ist in der Startphase das allentscheidende Ziel, schnellstmöglich aus dem Startblock zu kommen, um als Erster die erste Hürde richtig anzulaufen (s. Abb. 2.3). So ist es auch im Verkaufsgespräch. Wer am schnellsten zum Kunden eine gute Atmosphäre aufbauen kann, hat es im weiteren Verlauf des Verkaufsgespräches leichter. Denn wenn Sie sympathisch rüberkommen, verzeiht man Ihnen „Fehler" viel eher als jemandem, der von Beginn an nicht so sympathisch ist.

▶ **Als Verkäufer verkaufen „wir uns selbst"!**

Das Ziel: durch positive Eindrücke mögliche Hemmnisse des Partners abzubauen und die Sympathie des Kunden zu gewinnen. Der Wunsch ist, dass der Gesprächspartner zuhört, uns als Gesprächspartner akzeptiert, mit uns reden möchte und aufnahmebereit ist.

Deshalb sollten wir

- für ein gepflegtes Äußeres sorgen,
- unseren Gesprächspartner freundlich begrüßen,
- uns bei Neukunden korrekt vorstellen (Visitenkarte abgeben),
- keine Standardfloskeln verwenden, sondern einen individuellen Aufhänger für den Einstieg wählen,
- günstige Rahmenbedingungen und ein positives Gesprächsklima schaffen,
- das Gespräch nicht zwischen „Tür und Angel" führen,

- Gesprächsziele und Vorgehensweise thematisieren,
- keine breit ausgeführten Allgemeinsätze verwenden, sondern nur von Dingen reden, die den Kunden tatsächlich interessieren könnten,
- Interesse am Gesprächspartner zeigen durch aktive, positive Körpersprache, sicheres und überzeugtes Auftreten und aktives Hinhören,
- Termine einhalten,
- mit dem Kunden reden und ihn nicht „niederreden" (Dialog mit einem Redeanteil von 50:50).

Denn der Kunde will

- wissen, mit wem er spricht,
- wissen, ob sich seine Interessen realisieren lassen, und
- dass wir ihm zuhören.

## 2.3 Bedarfsanalysephase

Beim Hürdenlauf ist es oft von entscheidender Bedeutung, die erste Hürde richtig anzulaufen und dann einen Rhythmus zu finden. Auch im Verkaufsgespräch ist es von elementarer Bedeutung, wie es gelingt, den Kunden dazu zu bringen, dass Sie alle relevanten Informationen erhalten, um später die Produkte oder Dienstleistungen auf den Kundentyp abstimmen zu können, um mit einer typgerechten, passenden Nutzenargumentation präsentieren zu können (s. Abb. 2.4).

**Abb. 2.4** Miteinander reden und gut hinhören. (Quelle: eigenes Foto, Fensterbild Stadion: Elenathewise, Fotolia)

▶ **Wir verkaufen unser Unternehmen und uns selbst als Partner!**

Das Ziel ist: die Meinungen und Ansichten sowie die Problemfelder des Partners herauszubekommen, eine gemeinsame Basis zu schaffen und Vertrauen zu erarbeiten!

Wir möchten mehr über die Kundensituation und das Umfeld wissen, Sachinformationen und Kundeneinstellungen erfragen, aktuelle Unzufriedenheit und Probleme des Kunden erkennen sowie den Kundenbedarf und dessen Dringlichkeit erfahren. So zeigen wir Interesse und wecken diese auch beim Kunden.

Deshalb sollten wir

- exakt hinhören (auch zwischen den Zeilen), immer wieder aktiv hinhören und
- gut vorbereitete Fragen stellen
    - nach Geschäftsfeld, Anforderungen an das Produkt etc.,
    - nach der Situation und dem Umfeld des Kunden,
    - zu den Schwierigkeiten und zur Unzufriedenheit des Kunden,
    - zu den gewünschten Eigenschaften des Produkts (für eine individuelle Nutzenargumentation) sowie in Erfahrung bringen:
    - Worauf legt der Kunde besonderen Wert?
- den terminlichen Bedarf feststellen.

Denn der Kunde will,

- dass Sie echtes Interesse an der Kundenproblematik und dessen Lösung zeigen, indem Sie
    - aktiv hinhören und die Problematik herausfinden,
    - keine vorschnellen Angebote machen,
    - Lösungen für sein Problem erarbeiten, und
- dass Sie Kompetenz zeigen, eine ehrliche Bedarfsanalyse machen und Bedarf wecken.

## 2.4 Angebotsphase

Gail Devers war um die Jahrtausendwende lange Zeit die schnellste 100-Meter- und 100-Meter-Hürdenläuferin, fiel besonders durch ihre extrem langen Fingernägel auf und gewann dreimal Gold bei Olympischen Spielen. Aber sowohl bei den Olympischen Spielen 1992 in Barcelona als auch 1996 in Atlanta und 2004 in Athen trat sie als absolute Favoritin im 100-Meter-Hürdenlauf an, strauchelte an

## 2.4 Angebotsphase

**Abb. 2.5** Argumente austauschen. (Quelle: Strandperle, Comstock)

einer Hürde und rettete sich noch ins Ziel, jedoch ohne einen Medaillenplatz zu erzielen. Diese kleinen Fehler an einer Hürde kosteten sie dreimal Gold. Und die Amerikaner hatten im $4 \times 100$ m Lauf viele Jahre lang die mit Abstand schnellsten Läufer und verzichteten deshalb auf das Üben des Stabwechsels und verloren so manches Rennen (s. Abb. 2.5). So ist es auch im Verkauf. Der kleinste Fehler, eine Argumentation an der falschen Stelle kann für den Verkauf der allentscheidende Fehler sein und den Abschluss kosten.

▶ **Sie „verkaufen" das Produkt!**

Wir haben das Ziel: die Produkteigenschaften (Merkmale) und dessen Vorteile dem Kunden so zu verdeutlichen, dass dieser den aus dem Angebot resultierenden Nutzen klar erkennt und interessiert ist (Eigenschaften – Vorteil – Nutzen)!

Wir möchten erzielen, dass der Kunde erkennt, dass er das richtige Produkt gefunden hat. Er möchte Sicherheit haben, seinen Kunden die richtige Lösung anbieten und wenige Einwände erhalten.

Deshalb sollten wir

- durch Fragen dem Kunden den Nutzen der Problemlösung eindringlich verdeutlichen – er muss den Mehrwert dieses Produktes erkennen,
- die Nutzenargumentation möglichst exakt auf den Bedarf abstimmen (Eigenschaft – Vorteil – Nutzen),
- Vorzüge und Vorteile demonstrieren (konkrete Beispiele),
- Einwände ernst nehmen, aufgreifen und entkräften (siehe: Methodik der Einwandbehandlung und der erfolgreichen Preisverhandlung),
- die wichtigsten Argumente zusammenfassen,
- Service im Preis-Leistungs-Verhältnis herausstellen.

Denn der Kunde will

- sehen, welchen Mehrwert dieses Produkt für ihn hat und ob es sich auch lohnt,
- ein ehrliches, für ihn optimales Lösungsangebot, in dem seine Bedürfnisse berücksichtigt sind und nicht unser Lieblingsprodukt.

## 2.5 Abschlussphase

Die Rennen bei 100 m und 110-Meter-Hürden gehen meistens extrem knapp aus (s. Abb. 2.6). Es kommt oft auf die hundertste Sekunde an, weshalb ein Sportler bis zum Schluss alles geben muss. So trennten den Olympia-Sieger und Goldmedaillengewinner Justin Gatlin mit 9,85 s nur jeweils eine Hundertstelsekunde vom Zweiten und Dritten. Der Unterschied im Vermarktungswert eines 100-Meter-Goldmedaillengewinners zum Zweitplatzierten ist allerdings enorm. Und Provision bekommt leider auch nur der, der den Abschluss schafft. Der Zweitplatzierte geht meist leer aus.

▶ **Wir verkaufen die „Entscheidung"!**

Das Ziel ist: das Erkennen der verbalen und nonverbalen Kaufsignale des Partners und zielgerichtetes Hinlenken zum Verkaufsabschluss. Denn wir wollen dem Partner Entscheidungshilfen geben und ihn für unser Produkt gewinnen.

Deshalb sollten wir

- sicher auftreten (Körpersprache und Stimme),
- Kaufsignale erkennen,

**Abb. 2.6** Mit breiter Brust als Erster im Ziel. (Quelle: Strandperle, Comstock)

- aktiv nach der Entscheidung fragen und dann ruhig auf die Antwort warten,
- den Kunden in seiner für ihn und uns positiven Entscheidung bestärken,
- Termine für Folgegespräche vereinbaren.

Denn der Kunde will,

- dass wir ihm Hilfestellung für die Entscheidungsfindung geben,
- das Gefühl, dass er selbst entschieden hat,
- dass wir ihm nichts „aufs Auge drücken" (Kundenbedürfnis zählt),
- dass wir ihm Sicherheit geben, die richtige Entscheidung getroffen zu haben,
- dass wir ihn auch nach dem Kauf weiterbetreuen.

## 2.6 Nachbereitungsphase

Spitzensportler analysieren nach jedem Wettkampf bis ins letzte Detail den Verlauf. Sei es im Profisport wie Formel 1, Fußballbundesliga, Tennis und sogar im Leistungssport, wo nicht das große Geld zu verdienen ist, wie zum Beispiel im Hochsprung oder Synchronschwimmen. Die Videoanalyse ist täglicher Trainingsbestandteil aller Spitzensportler. Dies sollte im Verkauf auch so sein, denn Sie sind Profi und leben davon (s. Abb. 2.7).

**Abb. 2.7** Nachbereitung ist die beste Vorbereitung. (Quelle: bellemedia, Stadion: Elenathewise, Fotolia)

Gehen Sie die Verkaufsphasen anhand der aufgeführten Positionen durch und prüfen Sie selbstkritisch den Gesprächsverlauf! Auf der folgenden Seite sind die wichtigsten relevanten Fragen zusammengefasst.

**Analyse des Gesprächsverlaufs**
- Was ist Ihnen gut gelungen?
- Was ist Ihnen weniger gut gelungen?
- Was heißt dies konkret für das nächste Gespräch bei diesem Kunden?
- Was heißt es generell?
- Welcher Persönlichkeitstyp ist der Kunde?

**Inhaltliche Nachbereitung**
- Was müssen Sie für den Kunden bis wann tun?
- Telefonate, Informationsmaterial, Retouren, Aktionsvereinbarungen, wen müssen Sie einbinden bzw. informieren etc.?
- Welcher Aufhänger ergibt sich aus dem Gesprächsverlauf für den nächsten Gesprächseinstieg?

**Sollte das Verkaufsgespräch einmal nicht erfolgreich sein**
- Mit welcher Strategie gehen Sie beim nächsten Mal vor?
- Was müssen Sie anders machen?

▶ **Merke** Die beste Vorbereitung ist eine gute Nachbereitung, die sofort nach dem Gespräch stattfindet und direkt vor dem nächsten Gespräch als Vorbereitung gelesen wird.

### Persönliche Reflexion zu Kap. 2

Sie haben einen sehr komprimierten Überblick über die Phasen des Verkaufsgesprächs – und worauf es in welcher Phase ankommt – erhalten.

Bitte prüfen Sie selbstkritisch: Wo liegen Ihre Stärken? Und in welcher Phase haben Sie das größte Entwicklungspotenzial bzw. in welcher Phase können Sie sich mit wenig Aufwand deutlich verbessern?

Machen Sie sich hier Ihre Notizen:

_____
_____
_____
_____

## 2.6 Nachbereitungsphase

_____
_____
_____
_____
_____
_____
_____

**Ausblick**

In Kap. 3 steht nun die kundenorientierte Kommunikation im Fokus. Was sind Voraussetzungen dafür, wie drücken wir uns kundenorientiert aus und worauf müssen wir achten?

In Teil II werden die verschiedenen Persönlichkeitstypen beschrieben, wie wir sie erkennen und wie Sie mit ihnen erfolgreich umgehen.

In Teil III werden dann die wichtigsten Verkaufstechniken in den jeweiligen Phasen des Verkaufsgesprächs unter Berücksichtigung der verschiedenen Kundentypen dargestellt.

# Grundlagen kundenorientierter Gesprächsführung 3

Ob im 110-Meter-Hürdenlauf, bei anderen Leichtathletiksportarten oder im Profifußball – es müssen bestimmte Basics „im Schlaf beherrscht" werden. Im Profifußball sind das Beherrschen von Techniken wie Ballstoppen mit dem Oberschenkel, Brust oder Spann oder Schusstechniken beim Freistoß oder Elfmeter spielentscheidend. Und von Cristiano Ronaldo, dem Weltfußballer des Jahres 2014, ist bekannt, dass er ein begnadeter Techniker ist und dafür gerne noch eine Stunde länger trainiert als seine Kollegen von Real Madrid. Erinnern Sie sich noch an Boris Becker? Der trainierte auch eine Stunde länger als Michael Stich.

Es ist leider ein falscher Mythos, dass Begabung der entscheidende Erfolgsfaktor ist. Denn die Welt ist voller hochbegabter Spitzensportler, die es nie ganz an die Spitze geschafft haben (Michael Stich und Gabriela Sabatini im Tennis oder Sebastian Deisler und Mario Basler im Fußball). Es fehlte der letzte Biss. Demgegenüber gibt es absolute Weltklassesportler, die sicherlich nicht die besten athletischen Voraussetzungen haben, denen aber absoluter Ehrgeiz und Fleiß bescheinigt werden kann, wie zum Beispiel Berti Vogts und Philipp Lahm.

Dennoch glauben viele an „Entweder man kann verkaufen oder nicht!" Das Schöne an diesem Glaubenssatz ist, dass wir dann einfach so weitermachen können wie bisher. Aber selbst in der Fußballkreisliga wird einmal pro Woche trainiert. Deshalb sollten auch Verkäufer regelmäßig an ihren Verkaufstechniken, und damit meine ich nicht Produktkenntnisse sondern Verkaufspsychologie, trainieren, wenn sie erfolgreicher werden wollen.

Verkaufstechniken und typgerechtes Verkaufen beherrschen, heißt nicht, dies zu kennen. Viele wissen, was sie tun müssen und kennen die richtige Verkaufsstrategie. Nur: Sie können es in dem Moment, wo es darauf ankommt, nicht umsetzen und anwenden. Aber genau darauf kommt es an und deshalb ist Üben die wichtigste Grundregel. Ein schönes Beispiel ist Steffi Graf: Zu ihrer besten Zeit, als sie die Nummer eins in der Welt war, spielte sie auf der Rückhandseite immer einen Slice, obwohl sie wusste, wie ein Topspin-Schlag auf der Rückseite geht und welche Vorteile diese Schlagtechnik hat. Aber auch sie konnte dies in wichtigen Momenten auf der Rückhandseite nicht umsetzen. Wissen und kennen heißt eben nicht können.

Nun folgen die wichtigsten Basics für den Verkauf.

## 3.1 Voraussetzungen

Voraussetzungen für eine kundenorientierte Gesprächsführung sind:

- Eine gezielte Vorbereitung, individuell abgestimmt auf jeden einzelnen Kunden
- Den Kunden spüren lassen, wie wichtig er uns ist
- Von Dingen sprechen, die den Kunden beschäftigen, auch über den rein geschäftlichen Bereich hinaus
- Den Partner dort abholen, wo er sich gerade befindet, das heißt, das Gespräch blitzschnell auf die momentane Situation anpassen, evtl. sogar auf später verschieben, wenn es im Moment „nicht passt" – nicht ein Gespräch um jeden Preis!
- Ehrliches Interesse am Kunden und seiner Arbeit signalisieren
- Mit Freundlichkeit (generelles Auftreten, Mimik und Sprache) vertrauensvolle Atmosphäre schaffen
- Aktiv hinhören

## 3.2 Kundenorientierte Ausdrucksweise

Formulieren Sie die folgenden Aussagen so um, dass diese

1. denselben Inhalt vermitteln und dabei keine Widerstände erzeugen,
2. überflüssige Floskeln vermeiden,
3. die Gedanken- und Gefühlswelt des Gesprächspartners berücksichtigen.

In Abb. 3.1 finden Sie eine Übung für kundenorientierte Ausdrucksweise.

Suchen Sie weitere kritische Formulierungen aus Ihrem Alltag und formulieren Sie diese entsprechend um.

## 3.3 Aufmerksames und genaues Hinhören

| Aussage | Inhalt<br>Was sage ich damit? | kundenorientierte Formulierung |
|---|---|---|
| Sie irren sich! | Kunde hat etwas falsch verstanden; ich möchte es richtigstellen. | Lassen Sie uns diesen Punkt nochmals genauer betrachten! |
| Ich könnte Ihnen beweisen... | Sie haben nicht recht, aber ich lasse es mal so stehen. | Formulierung weglassen oder obige Formulierung erneut verwenden. |
| Haben Sie alles verstanden? | Diese Frageformulierung könnte dem Kunden unangenehm aufstoßen. | Gibt es noch offene Fragen? |
| Das habe ich nicht gesagt... | Sie korrigieren Ihren Kunden bzw. greifen ihn an. | Da liegt ein Missverständnis vor. Ich meinte ... |
| Möchten Sie sonst noch etwas? | Eine geschlossene Frage; macht Neinsagen leicht. | Welche weiteren Produkte interessieren Sie noch? |

**Abb. 3.1** Kundenorientierte Ausdrucksweisen. (Quelle: Eigene Darstellung)

Formulierungen im „Sie-Standpunkt" erhöhen die Akzeptanz und die Sympathie bei der Zielperson. Denn aus der Sicht der Zielperson wirken diese Formulierungen wie „ich" und damit schmeicheln Sie dem Geltungsbedürfnis des Gegenübers (s. Abb. 3.2).

## 3.3 Aufmerksames und genaues Hinhören

Jedermann spricht von einem exzellenten Rhetoriker oder einem Redekünstler. Die Kunst, mit der Sprache zu spielen, hat in der westlichen Welt einen hohen Stellenwert – sei es in der Werbung, im Geschäftsleben oder in der Politik. Deshalb gibt es auch so viele Rhetorik-Seminare.

Aber wer spricht von einem exzellenten Zuhören oder noch besser: Hinhören? Wer trainiert seine Fähigkeiten im guten Hinhören? Darüber wird heutzutage viel zu wenig gesprochen, und so kommt es, dass immer weniger Menschen die Kunst des aufmerksamen und genauen Hinhörens noch beherrschen.

Während wir den ersten Halbsatz des Gesprächspartners hören, überlegen wir doch schon, was wir darauf erwidern könnten, und überhören dabei, was im Folgenden noch gesagt wird. Nur so erklärt sich das häufige „aneinander Vorbeireden", obwohl wir rhetorisch doch immer geschickter werden.

| Ich-Formulierung | Sie-Standpunkt |
| --- | --- |
| **Ich** schicke Ihnen das zu. | Die Sachen gehen heute noch an **Sie** raus. |
| **Ich** rufe Sie an wegen ... | Der Anruf heute bei **Ihnen** hat einen bestimmten Grund. |
| **Ich** kann Sie gut verstehen ... | **Sie** haben vollkommen recht. |
| **Wir** melden uns wieder bei Ihnen ... | Wann sind **Sie** telefonisch zu erreichen? |
| **Meiner** Meinung nach ... | Sicher haben **Sie** die Erfahrung gemacht, dass ... |
| **Ich** möchte Ihnen das einmal zeigen ... | **Sie** können Sich selbst mal ein Bild machen. |

**Abb. 3.2** Ich-Formulierung – Sie-Standpunkt. (Quelle: Eigene Darstellung)

Insbesondere dieses „rhetorisch immer geschickter werden" führt dazu, dass die Sätze immer länger werden und wir unsere Botschaften immer verschlüsselter senden. Die deutlichen, einfachen Worte und kurz gefassten Sätze sind in unserem Kulturkreis derzeit nicht mehr so geschätzt oder üblich. Die Akademikersprache mit ihren vielen Fremdwörtern hat ein höheres Ansehen.

Gerade deshalb ist es umso wichtiger, dass wir unsere Fähigkeiten des aufmerksamen und genauen Hinhörens wieder vertiefen und schärfen.

Häufig kommt es auf die Botschaften „zwischen den Zeilen" an – oder wie man auch sagen könnte: auf das, was nicht gesagt wurde. Auch der Körpersprache und der Tonlage kommen für die richtige Interpretation der Botschaften eine große Bedeutung zu.

▶ **Merke:** Reden ist Silber – Schweigen ist Gold.
Denn wer schweigt, kann besser aufnehmen, und die Macht des Schweigens ist gewaltig!

### Gründe für aufmerksames und genaues Hinhören

- Informationsgewinnung über die Motivation und den Bedarf des Kunden, um darauf unsere Nutzenargumentation aufbauen zu können.
- Hinhören löst beim Kunden angenehme Gefühle und Empfindungen aus und wir gewinnen die Sympathie des Kunden.

## 3.5 Kundenorientierte Kommunikation

- Der Kunde spürt unser Interesse und wird aufgeschlossener.
- Wir erfahren viel über die Persönlichkeit des Kunden und können unseren Gesprächs- und Verhandlungsstil besser auf ihn einstellen.
- Wir reden nicht zu viel und langweilen dadurch den Kunden nicht.
- Unsere Kunden sind froh, wenn sie sich auch einmal äußern können.

**Voraussetzungen für aufmerksames und genaues Hinhören**
- Geduldig sein
- Interessiert sein
- Auch Aussagen wahrnehmen, die von meinen Ideen abweichen
- Zwischen den Zeilen hören
- Die Aussage des Kunden als solche akzeptieren, auch wenn Sie sie nicht teilen

### 3.4 Aktives Hinhören

Zusätzlich zum genauen Hinhören kommen hier gezielte Fragen zum Einsatz, um

- die persönliche Aufmerksamkeit und Bereitschaft zum Hinhören zu signalisieren,
- zusätzliche, vertiefende Informationen zu erhalten,
- sicherzustellen, dass der Kunde richtig verstanden wurde.

### 3.5 Kundenorientierte Kommunikation

Unter kundenorientierter bzw. partnerzentrierter Kommunikation verstehen wir die Kunst, den Partner „richtig" zu verstehen und auf ihn mit den „richtigen" Worten einzugehen.

Definition: Kommunikation ist eine Form der sozialen Wechselbeziehung zwischen zwei oder mehr Personen. Die Kommunikation erfolgt durch Worte (verbal) und durch Mimik, Gestik, Zeichen etc. (nonverbal). Am wichtigsten ist jedoch die Sprache als Code. Mit ihrer Hilfe drücken wir unsere Gedanken, Gefühle, Wünsche und Absichten aus. Am ehrlichsten ist jedoch die nonverbale Kommunikation (Körpersprache), denn diese erfolgt meist unbewusst und ermöglicht somit kein „gezieltes Lügen".

**Modell 1: Das Sender-Empfänger-Modell**
Bei der Kommunikation werden „Botschaften" zwischen einem Sender und einem Empfänger ausgetauscht und verarbeitet – verbal und nonverbal.

**Abb. 3.3** Modell 1: Das Sender-Empfänger-Modell. (Quelle: Shannon-Weaver-Modell)

Der Sender schickt einen Reiz (Botschaft) codiert ab und stellt zum Beispiel im bayrischen Dialekt eine Frage. Der Empfänger decodiert die Botschaft, wenn er bayrisch versteht, und zeigt darauf eine Reaktion, z. B. eine zustimmende oder ablehnende Antwort – oder er antwortet gar nicht (s. Abb. 3.3).

*Reiz-Reaktions-Verhalten* Der Vorgang der Kommunikation ist ein Reiz-Reaktions-Verhalten. In der Regel erfolgt auf einen positiven Reiz eine positive Reaktion und auf einen negativen Reiz sehr wahrscheinlich eine negative Reaktion („Wie man in den Wald hineinruft, so schallt es heraus.").

*Missverständnisse* Nun stellt sich aber die Frage: Warum versteht ein Gesprächspartner partout etwas anderes als wir sagen wollen? „Verstehen" bezieht sich hier nicht nur auf das gesprochene Wort, sondern es schließt die ganze Person und somit auch die nonverbalen Signale mit ein. Dies lässt sich mit dem 1. Kommunikationsmodell nicht erklären und wird erst mithilfe des folgenden Modells verständlich.

**Modell 2: Das Sach-Beziehungs-Modell**
Das Sender-Empfänger-Modell, das ausschließlich die Sachebene betrachtet, wird um die Beziehungsebene erweitert (s. Abb. 3.4).

**Abb. 3.4** Modell 2: Das Sach-Beziehungs-Modell. (Quelle: Eisberg-Modell von Sigmund Freud, Paul Watzlawick)

## 3.5 Kundenorientierte Kommunikation

*Sachebene und Beziehungsebene* Der Kontakt zwischen Sender und Empfänger geschieht gleichzeitig auf zwei Ebenen, die sich gegenseitig beeinflussen.

Auf der Sachebene verweist der Sender auf das „Was" der Nachricht – die sogenannte Inhaltsebene. Gleichzeitig, während man sich um die Inhaltsebene bemüht, geschieht allerlei auf der anderen, der Beziehungsebene.

▶ Die Beziehungsebene bestimmt die Sachebene.
Je konfliktträchtiger eine Beziehung ist, umso mehr Bedeutung gewinnt die Beziehungsebene.

Der Sender ist die Informationsquelle und hat ein Ziel. Vor der Weitergabe filtert der Sender seine Idee (er lässt zum Beispiel unangenehme Teile weg) und gibt sie anschließend verschlüsselt, das heißt in Worten, Gesten, Zeichen usw., weiter.

Der Empfänger entschlüsselt die erhaltene Botschaft mithilfe seiner ganz persönlichen Möglichkeiten. Diese Decodierung ist die Grundlage für seine Reaktion. Danach wird der Empfänger jetzt ebenfalls zum Sender. Es handelt sich hier um einen Regelkreis, denn jeder beeinflusst jeden durch sein Verhalten.

▶ Man kann nicht nicht kommunizieren.

Wer redet, teilt etwas mit, wer schweigt, ebenfalls (s. Abb. 3.5 a, b, c). So stellte Paul Watzlawick die These auf: Was immer man auch versucht, es ist unmöglich, nicht zu kommunizieren (sobald mindestens zwei Menschen zusammen sind). Aber gerade Schweigen ist eine vieldeutige Mitteilung, die zu vielen Missverständnissen führen kann. Denken Sie einmal an das Überhören einer Frage.

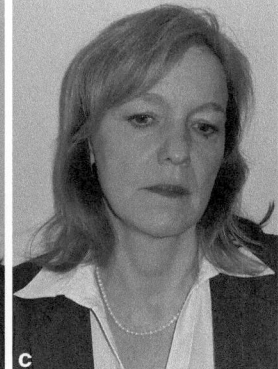

**Abb. 3.5 a, b, c:** Verschiedene Mimiken des Schweigens. (Quelle: eigene Bilder)

Da sich damit noch nicht alle Kommunikationsprozesse erklären lassen, entwickelte Schulz von Thun sein Vier-Ohren Modell.

**Modell 3: Das Vier-Ohren-Modell von Schulz von Thun**
Der Kommunikationspsychologe Friedemann Schulz von Thun erweiterte das Sach-Beziehungs-Modell um die Selbstoffenbarungs- und Appellebene (s. Abb. 3.6).

*Selbstoffenbarungsebene* Mit jeder Aussage gibt der Sender auf der Selbstoffenbarungsebene zusätzlich ein Stück von sich selbst dem Gesprächspartner preis. Spricht jemand zum Beispiel Dialekt, dann sagt er über sich aus, aus welcher geografischen Region er stammt. Wenn wir wachsam sind, erfahren wir auch etwas über den momentanen Gefühlszustand unseres Gesprächspartners.

Die Selbstoffenbarung geschieht häufig mit einigem Aufwand. In der Hoffnung auf Erfolg oder um einen guten Eindruck zu machen, kommt es beim „Selbstdarsteller" zum Beispiel zum „Imponiergehabe". Er kann sich dabei aufspielen und „Rad schlagen wie ein Pfau" oder beispielsweise eine akademische Sprache benutzen.

Eine andere Art der Selbstdarstellung ist die Selbstverbergung. Hier versucht der Sender bewusst, etwas seiner Meinung nach Negatives von sich zu verbergen. Das kann zu psychischem Dauerstress führen.

Andere Möglichkeiten sind:

- Das Verbergen von Gefühlen oder Dialekt
- Distanz aufbauen

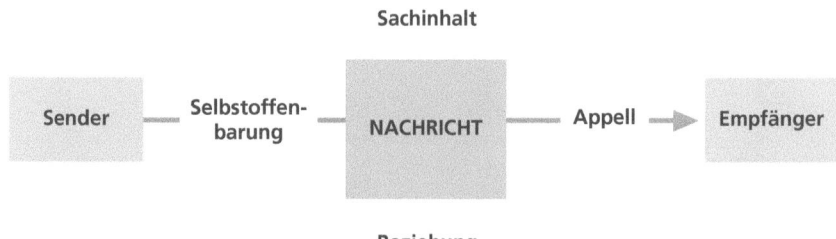

**Abb. 3.6** Das Vier-Ohren-Modell von Schulz von Thun. (Quelle: Friedemann Schulz von Thun: Miteinander reden: Störungen und Klärungen, S. 13 ff.)

## 3.5 Kundenorientierte Kommunikation

- Eine Sprache benutzen, die verallgemeinernd und „Ich-fern" ist, durch Formulieren von „Man"- und „Wir"-Sätzen („Man kann heutzutage von jedem Mitarbeiter erwarten, dass er…", „Wir sind der Meinung, dass …")

*Appellebene* Mit unserer Botschaft wollen wir in der Regel beim Gesprächspartner eine bestimmte Wirkung erzielen; entsprechend hat jede Botschaft eine Appellebene.

Zum Beispiel soll der Partner

- etwas tun oder unterlassen,
- ein bestimmtes Gefühl zeigen oder verbergen,
- in einer bestimmten Art und Weise denken.

Nach Meinung von Schulz von Thun spricht der Sender mit vier Zungen auf der

- Sachebene – Worüber ich dich informiere („Was"!);
- Beziehungsebene – Was ich von dir halte und wie wir zueinander stehen;
- Selbstoffenbarungsebene – Was ich von mir selbst kundgebe;
- Appellebene – Wozu ich dich veranlassen will;

und der Empfänger entschlüsselt (decodiert) diese Botschaften mittels seiner vier Ohren wie folgt:

- Sachohr – Wie ist der Sachverhalt zu verstehen?
- Beziehungsohr – Wie redet der eigentlich mit mir? Wen glaubt er vor sich zu haben?
- Selbstoffenbarungsohr – Was ist das für einer? Was sagt er über sich?
- Appellohr – Was soll ich tun, denken oder fühlen aufgrund seiner Mitteilung?

Der Empfänger hat prinzipiell die freie Auswahl, auf welche Seite der Nachricht er reagieren will.

Der **„Sachohr-Empfänger"** reagiert nur auf den Sachinhalt. Er betrachtet die anderen Ebenen nicht, weshalb ein Konflikt nicht gelöst werden kann. Sender und Empfänger reden aneinander vorbei.

Der **„Beziehungsohr-Empfänger"** nimmt alles persönlich, ist schnell beleidigt und fühlt sich leicht angegriffen, da er auch in beziehungsneutrale Nachrichten gerne Informationen über seine eigene Person hineininterpretiert (er kann sich aber auch schnell geschmeichelt fühlen!).

Der „**Selbstoffenbarungsohr-Empfänger**" untersucht die Nachrichten unter dem Aspekt „Ich erfahre über dich ...". Er verbucht Empfangenes – im Gegensatz zum „Beziehungsohr-Empfänger" – nicht auf sein persönliches Konto, sondern auf das Konto des Senders. Vorteil: Er kann die Gefühle seines Gegenübers annehmen und feststellen, was mit ihm los ist. Nachteil: Im Extremfall fühlt sich der Empfänger nie betroffen und der andere ist der „Böse".

Der „**Appellohr-Empfänger**" ist bestrebt, auch unausgesprochene Wünsche zu erfüllen. Was er selbst fühlt und möchte, rückt in den Hintergrund. Er beschäftigt sich kaum mit sich selbst und versucht, den Erwartungen seiner Mitmenschen gerecht zu werden.

**Welcher Empfängertyp sind Sie?**
Ein und dieselbe Nachricht kann viele Botschaften gleichzeitig enthalten. Die Vielfalt der Interpretationsmöglichkeiten ist fast unerschöpflich. Was können Sie tun, wenn Sie einmal den Eindruck haben, dass eine Nachricht ins „falsche Ohr" gekommen ist? Lassen Sie Spekulationen keinen Raum, fragen Sie nach, wie es gemeint ist, sobald Sie nicht ganz sicher sind.

Je besser ein Zuhörer in der Lage ist, die vier Ebenen einer Aussage zu erfassen, umso mehr kann er sich partnerorientiert und der Situation angemessen verhalten.

Je besser Sie in der Lage sind, das Gesprächsverhalten mit dem Vier-Ohren-Modell von Schulz von Thun zu analysieren, umso leichter können Sie das Gesprächsverhalten Ihres Gesprächspartners einem bestimmten Persönlichkeitstyp zuordnen. So erkennen Sie unter anderem an der Sprechweise, der Lautstärke und der Körpersprache die verschiedenen Persönlichkeitstypen.

---

**Fazit**

Bitte prüfen Sie selbstkritisch: Wo liegen Ihre Stärken und Verbesserungspotenziale in der kundenorientierten Gesprächsführung?

Machen Sie sich hier Ihre Notizen:

# Teil II
# Die verschiedenen Persönlichkeitstypen erkennen und sich adäquat verhalten

Leistungssportler analysieren ihre Mitbewerber auf ihre Stärken und Schwächen, um dadurch Ansätze für eine Erfolgsstrategie heraus zu arbeiten. So spielte Monica Seles Steffi Graf konsequent immer Topspin-Bälle auf die Rückhand, damit Steffi Graf ihre starke Vorhand nicht einsetzen konnte. Und Miroslav Klose wird von Mitspielern gerne mit hohen Bällen im Strafraum angespielt, da er sehr kopfballstark ist. Und genau dasselbe macht der Vertrieb. Er analysiert seinen Kunden, um zu erkennen, wie er ihm etwas verkaufen kann. Nun ist der Mensch ein Individuum und jeder Mensch unterscheidet sich vom anderen.

Das heißt, wenn wir uns kundenorientiert verhalten wollen, müssten wir uns bei jedem Menschen unter Umständen anders verhalten. Dies ist zwar einerseits richtig, andererseits aber nicht sehr hilfreich, da völlig individuelles Verhalten schwer erlernbar ist.

Deshalb haben sich sehr viele Forscher damit beschäftigt, bestimmte Verhaltensweisen bestimmten Persönlichkeitstypen nach den verschiedensten Kriterien zuzuordnen. So entstand eine Vielzahl von Persönlichkeitstypologien, die alle versuchen, bestimmte Grundmuster des Menschen in bestimmte Gruppen zusammenzufassen.

Für den Verkauf und dessen Führungskraft ist es wichtig, eine Typologie zu haben, die in kurzer Zeit und ohne größere psychologische Vorkenntnisse treffsicher angewendet werden kann und eine Hilfestellung im Umgang mit den verschiedenen Menschentypen gibt. Dabei hat es sich in der Praxis gezeigt, dass die Persönlichkeitstypologie nach INSIGHTS MDI® (INSIGHTS MDI® – Potenzialanalyse, beschrieben in *So gewinnen Sie jeden Kunden* von Frank M. Scheelen, mi-Verlag 1999/2005) uns eine wertvolle Hilfe ist.

Ziel ist, die Bedürfnisse der Kunden schneller zu erkennen und sich entsprechend zu verhalten, soweit dies – unter Berücksichtigung der eigenen Persönlichkeitsstruktur – möglich ist. Denn somit verhalten wir uns kundenorientierter und haben voraussichtlich einen größeren Erfolg.

Dazu sind folgende Schritte erforderlich:

- Erkennen des eigenen Persönlichkeitstyps
- Erkennen des jeweiligen Kundentyps
- Kenntnisse über adäquates Verhalten bei den verschiedenen Kundentypen in den verschiedenen Situationen
- Eigenes adäquates Verhalten – im Rahmen eigener Möglichkeiten

Deshalb ist die folgende Persönlichkeitstypologie, die INSIGHTS MDI®-Typologie, auf den nächsten Seiten ausführlich dargestellt. Bitte lesen Sie diese aufmerksam durch und versuchen Sie dabei, sich selbst, Ihren Partner, Mitarbeiter oder Vorgesetzten einzuschätzen. Sie werden sicherlich viele wertvolle Erkenntnisse für den Umgang mit anderen gewinnen.

Außerdem wird Ihnen klar werden, warum Sie sich so verhalten, wie Sie sich verhalten. Sie werden Ihr eigenes Verhalten und das von anderen besser verstehen und vielleicht auch besser akzeptieren lernen.

# Die INSIGHTS MDI®- Persönlichkeitstypologie

# 4

Diese Analyse gibt Auskunft darüber, wie wir uns manchmal selbst sehen, und bietet gleichzeitig die Möglichkeit, Selbstbild und Fremdbild professionell zu erfassen.

1. **Was erfasst diese Analyse?**
   Diese Analyse ist ein verhaltenstypologisches Diagnostikinstrument und zeigt Stärken, Schwächen und Entwicklungspotenziale auf. Ausführlich dargestellt wird das Basisverhalten (was eine Person von Haus aus an Verhaltenspräferenzen und Fähigkeiten mitbringt), ihr adaptiertes Verhalten (was sie am Arbeitsplatz davon nutzt und wie sie auf das berufliche Umfeld reagiert) sowie die zugrunde liegenden Werte (welche Motive hinter dem Verhalten stehen).
   Gleichzeitig bietet diese Analyse noch mehr als nur die Beschreibung typenspezifischer Verhaltensweisen. Sie liefert ebenso an der Praxis orientierte Umsetzungsmöglichkeiten und zeigt, wie wir uns selbst sehen und wie wir aufgrund unseres Verhaltens von anderen gesehen werden können. Als greifbares Ergebnis liefert sie einen umfassenden persönlichen Report. Dieser Report besteht zum einen aus erklärenden Texten und zum anderen aus anschaulichen grafischen Darstellungen – zum Beispiel den Grundtypen.
2. **Worauf basiert das Instrument?**
   Das Instrument basiert auf den Arbeiten von C. G. Jung, William Marston und Eduard Spranger (Werte). Somit werden in der INSIGHTS MDI®-Analyse drei unterschiedliche, bewährte Ansätze in ein Modell integriert.

3. **In welchen Bereichen findet INSIGHTS MDI® erfolgreiche Anwendung?**
Bei der Personalauswahl (Einzelgespräch oder Assessment Center), bei Teamentwicklungen sowie bei Arbeitsplatz- und Teamanalysen. Außerdem bei der Analyse des Verkaufs- und Vertriebsverhaltens und im Persönlichkeits-, Führungs- und Kommunikationstraining (z. B. Verhalten und Interessen der verschiedenen Typen in Veränderungsprozessen). Weitere Anwendungsbereiche sind in Mitarbeitergesprächen, im Einzelcoaching, in der Karriereplanung und beim Erkennen der Werte und Motive des Einzelnen und von ganzen Organisationen.
4. **Wie funktioniert die Anwendung und Auswertung?**
Es gibt mehrere Analyseinstrumente, denen unterschiedliche Fragebögen zugrunde liegen. Diese Fragebögen können online am PC zu Hause ausgefüllt werden. Der Zeitbedarf für das Ausfüllen der Fragebögen beträgt pro Analyse circa 20 – 30 min. (z. B. für den INSIGHTS MDI® Talent Insights „Sales Check" oder den INSIGHTS MDI® Talent Insights „Leadership Check"), die Auswertung erfolgt mittels PC. Es stehen derzeit 14 Sprachen zur Verfügung und die Instrumente werden in 28 Ländern eingesetzt.

## 4.1 Die vier Grundtypen nach INSIGHTS MDI® – So erkennen Sie den Typus Ihrer Kunden

**Vier Persönlichkeitstypen**
Die vier Persönlichkeitstypen lassen sich anhand folgender vier Kriterien einteilen:

1. **Beziehung zu Menschen/Kontaktaufnahme**
2. **Denk- und Handlungsweise**
3. **Kommunikationsstil/Sprache und Körpersprache**
4. **Äußerlichkeiten und Besitztum**

Wenn Sie also jemanden nach dieser Typologie einschätzen wollen, müssen Sie immer diese vier Kriterien heranziehen.

Je nachdem, welcher Persönlichkeitstyp Ihr Gesprächspartner ist (s. Abb. 4.1), wird er Ihren Farbdominanzen eher wohlwollend oder kritischer gegenüberstehen (s. Abb. 4.2). Hieraus ergeben sich gegebenenfalls die Konfliktpotenziale.

## 4.1 Die vier Grundtypen nach INSIGHTS ...

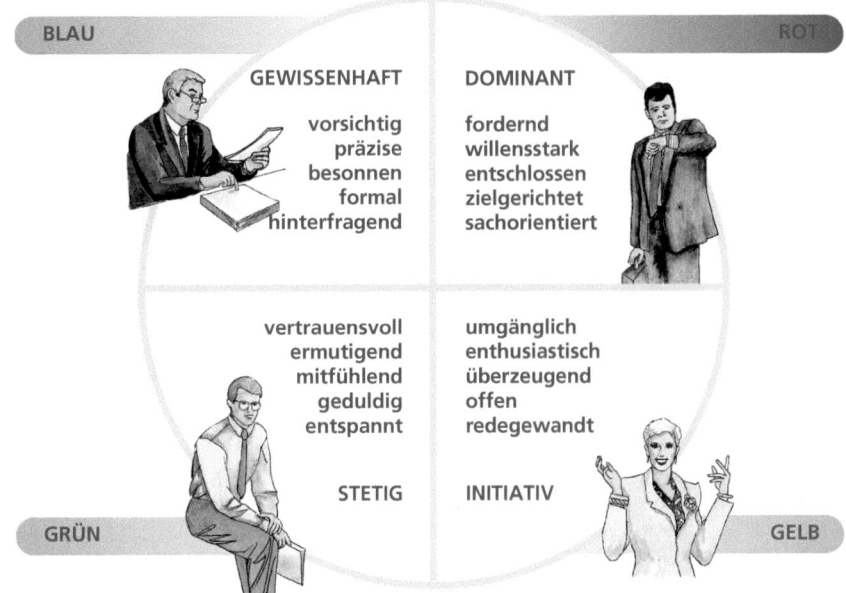

**Abb. 4.1** Wie wir uns selbst sehen. (Quelle: INSIGHTS MDI®)

> **Die Persönlichkeitsanalyse mit dem INSIGHTS MDI® Talent Insights Check**
>
> Der INSIGHTS MDI® Talent Insights „Sales-Check" gibt dem Verkäufer ein ganzheitliches Feedback über sein Verkaufsverhalten und konkrete Verkaufstipps. Die Analyse beschreibt die Stärken und Hindernisse im Verkaufsprozess und zeigt uns darüber hinaus potenzielle Verhaltens- und Motivationskonflikte auf. Diese Analyse gibt es auch für Führungskräfte („Executive-Check") und Mitarbeiter anderer Bereiche („Leadership-Check").
>
> Bei der Persönlichkeitsausprägung wird zwischen dem Basisstil (dieser legt die ursprünglichen, originären Verhaltensweisen zugrunde) und dem adaptierten Stil (dieser spiegelt das derzeit angepasste Verhalten wider) unterschieden. Die Ausprägungsform der jeweiligen Persönlichkeit wird in Form des Balkendiagramms am konkretesten visualisiert (s. Abb. 4.3). Außerdem werden die Farbdominanzen (über 50 % in einer Farbe) einer Person im Teamrad visualisiert (s. Abb. 4.4). So lassen sich auch mehrere Personen eines Teams in einem Teamrad abbilden und verschiedene Teamprobleme und Teamstärken damit erklären.

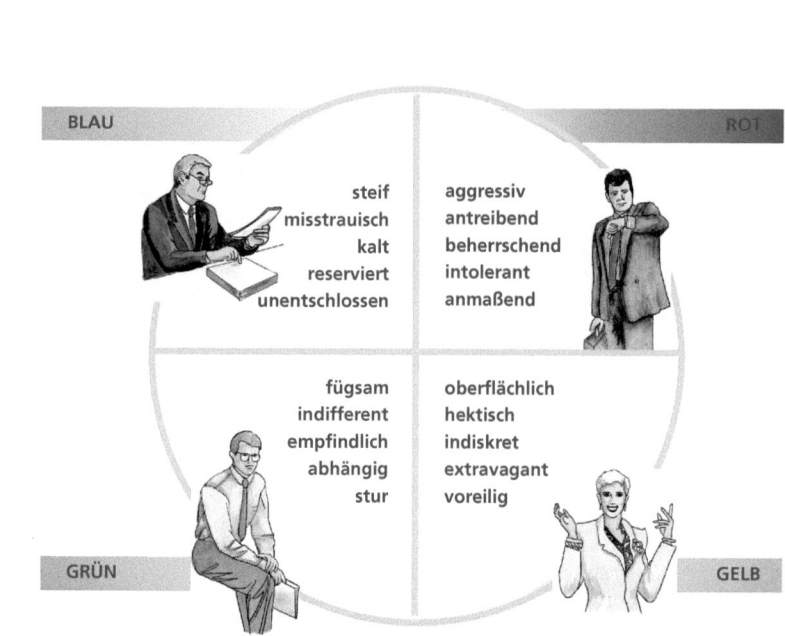

**Abb. 4.2** Wie uns unser Gegenüber sehen könnte. (Quelle: INSIGHTS MDI®)

Im Folgenden werden die vier Grundtypen ausführlicher beschrieben. In der Praxis hat sich gezeigt, dass es mehrerer Wiederholungen bedarf, bis die verschiedenen Erkennungsmerkmale der vier Persönlichkeitstypen verinnerlicht sind. Am besten notieren Sie sich gleich die Personen dazu, die Sie einem bestimmten Persönlichkeitstyp deutlich zuordnen können.

Seien Sie sich dabei aber stets bewusst, dass keine Person nur einer Farbe zuzuordnen ist. Viele Menschen verfügen über mehrere Dominanzen (davon spricht man, wenn man einen Ausprägungsgrad von über 50 % in einem Bereich hat). Interessanterweise ist meist auch schnell zu erkennen, ob eine Person „eine Farbe nicht hat". Denn wir nehmen einen Bereich nur dann wahr, wenn der Ausprägungsgrad über 25 % liegt. Bei dem vorherigen Beispiel würden wir also sehr deutlich die gelbe und die blaue Dominanz, aber auch noch den grünen und roten Anteil wahrnehmen können. Damit hat dieser Verkäufer ein großes Verhaltensrepertoire und liegt in dem Bereich, wo die meisten Top-Verkäufer liegen. Jetzt muss nur noch die Motivationsstruktur stimmen, die ebenfalls ermittelt wird.

Die folgenden Typbeschreibungen sind aus Gründen der Verdeutlichung so formuliert, als ob diese Person nur einen „Farbanteil" hätte. Dies ist zwar unrealistisch, erleichtert aber das Verstehen.

4.1 Die vier Grundtypen nach INSIGHTS … 37

**Abb. 4.3** Adaptierter Stil und Basisstil. (Quelle: INSIGHTS MDI®)

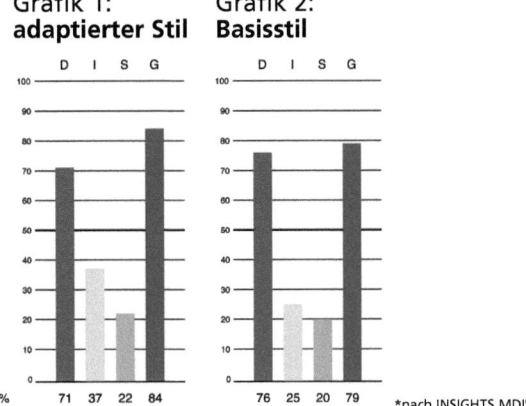

## Die INSIGHTS MDI®-Potenzialanalyse

Erkennen Sie den Typ Ihres Kunden!

Grafik 1: **adaptierter Stil** Reaktion auf das Umfeld

Grafik 2: **Basisstil** Grundsätzlicher Stil

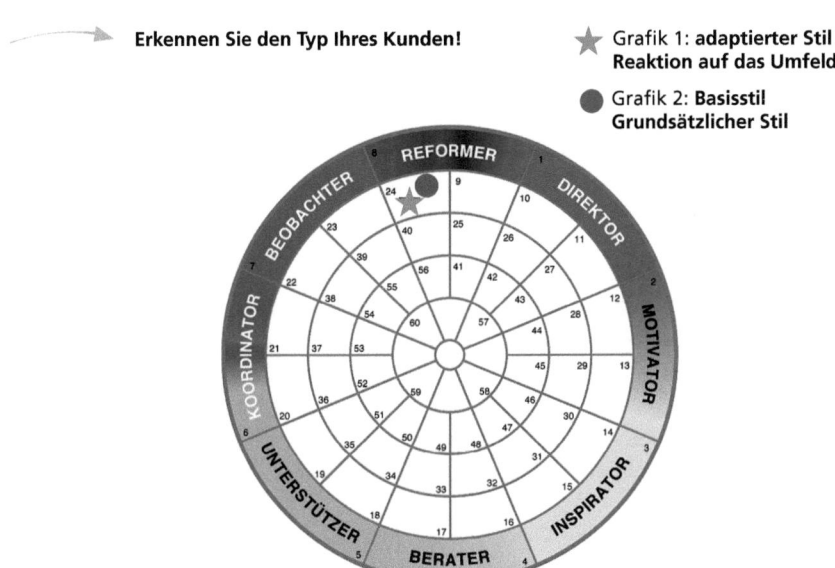

**Abb. 4.4** Das Teamrad – Adaptierter Stil und Basisstil. (Quelle: INSIGHTS MDI®)

Nun wünsche ich Ihnen viel Spaß und wertvolle Einsichten beim Erkennen Ihrer eigenen Persönlichkeitsstruktur und der Ihrer Freunde, Familie, Kollegen und Kunden. Dabei werden aber auch Verhaltensweisen des eigenen Partners schnell verständlich.

### 4.1.1 Der rote Kunde

**Umfeld und Atmosphäre**
Sein Schreibtisch spiegelt seine Bedeutung wider: Es lastet so viel Verantwortung auf ihm wie Material auf seinem Tisch. Sie können erkennen, dass er den Überblick über seine Arbeit hat, denn die verschiedenen Projekte und Materialien sind in Stapeln getrennt. Aber die Botschaft an den Besucher ist eindeutig: „Ich habe eine Menge Arbeit zu erledigen und keine Zeit zu verschwenden."

An den Wänden hängen Ehrenurkunden seiner Firma und Auszeichnungen für besondere Verdienste um seine Arbeit. Oder Urkunden für sein Engagement im Umfeld seiner Arbeit, z. B. als Präsident eines Berufsverbandes oder für die Ehrenmitgliedschaft in einer Innung. Außerdem schmücken große Planungskalender die Wände, in denen seine vielen Termine und Geschäftsreisen verzeichnet sind.

Die Büroeinrichtung strahlt Macht und Erfolg aus. Der Schreibtisch und die Möbel sind groß und beherrschend. Und sie schaffen Distanz. Es ist nicht ungewöhnlich, dass er Sie auf der anderen Seite des Schreibtisches Platz nehmen lässt und Sie sich über dieses mächtige Objekt hinweg mit ihm unterhalten müssen. Die Sitzanordnung ist geschlossen und formell. Sie fördert nicht den Kontakt, sondern spiegelt die Machtverhältnisse wider.

**Typische Verhaltensweisen**
Der rote Kunde begrüßt Sie geschäftsmäßig und distanziert mit einem kräftigen Händedruck. Er mustert Sie scharf und ohne besondere Freundlichkeit. Der Tonfall ist stark und kräftig, seine Sprache drückt Selbstbewusstsein aus und er sagt ohne viel Umschweife, was er möchte. Seine Worte unterstreicht er oft durch lineare Bewegungen mit den Händen. Seine ganze Haltung drückt Selbstbewusstsein und eine Spur Überlegenheit aus. Seine Grundeinstellung ist: „Bring den Verkäufer aus dem Gleichgewicht."

Er glaubt, wenn er Sie „kleingekriegt" hat, macht er das beste Geschäft. Für einen niedrigen Preis mit den besten Bedingungen müssen Sie seiner Meinung nach hart ringen, denn: „Freiwillig tut kein Außendienstmitarbeiter einem Kunden etwas Gutes." Deshalb geht er von Anfang an autoritär mit Ihnen um. Das muss nicht unfreundlich sein, es soll Ihnen sagen: „Glauben Sie nicht, dass ich es nicht durchschaue, wenn Sie mich übervorteilen wollen." Manchmal wirkt er deswegen ein bisschen trotzig. Bei Ihnen kann auch als unausgesprochene Botschaft ankommen: „Versuchen Sie bloß nicht, mir etwas zu verkaufen! Ich kann es sowieso nicht brauchen." Er wird das Gespräch von Anfang an in die Hand nehmen und Ihnen unmissverständlich sagen, was er will und was nicht. Er orientiert sich sehr stark an seinen eigenen Wünschen und seinem Strukturbedürfnis. Seine Haltung Ihnen gegenüber ist eher unkooperativ und abweisend (s. Abb. 4.5).

Von ihm geht ein starker Druck aus, der Sie möglicherweise in den ersten Momenten erdrücken und lähmen wird. Zwischen den Zeilen wird deutlich: „Ich weiß, was ich brauche, also vergeuden Sie meine Zeit nicht damit, meine Meinung ändern zu wollen."

Die Präsentation kann ziemlich mühsam für Sie sein. Er wird Sie öfter unterbrechen oder Ihnen widersprechen. Dahinter steckt sein Bedürfnis, die Hackordnung immer wieder klarzustellen: „Ich zeige Ihnen, wer hier wirklich die Kontrolle hat." Er gibt sich streitlustig, wandert von Einwand zu Einwand. Immer wieder schiebt er noch einen Zweifel und noch eine Beanstandung nach. Sie sollen anfangen, sich und Ihre Produkte zu verteidigen. Wer sich verteidigt, ist schon fast besiegt. Er liebt den Schlagabtausch und den schlagfertigen Verkäufer. Und nur diesen achtet er, denn nur ein starker Gegner ist seiner würdig. Aber er will natürlich gewinnen. Wenn er Sie nicht besiegen kann, wird er wahrscheinlich nicht kaufen, außer er braucht Ihr Produkt wirklich dringend. Wenn er Sie in die Verteidigungshaltung gebracht hat (und Sie schon ziemlich entnervt sind), versucht er, die Bedingungen zu diktieren und auf ein Maß zu reduzieren, das Ihnen völlig unannehmbar erscheint.

Sie werden vielleicht von Anfang an das Bedürfnis verspüren, sich anzupassen (als Grüner und Gelber), auf Konfrontation zu gehen (als Roter und Blauer) oder sich zurückzuziehen (als Blauer und Grüner). Geben Sie solchen Gefühlen nicht

**Abb. 4.5** Der selbstgefällige Manager. (Quelle: Fotodesign, Fotolia)

nach und fangen Sie auch nicht an, sich über sich selbst zu ärgern, weil er Sie so aus dem Konzept bringt.

Nehmen Sie Ihre Gefühle als wichtige Hinweise. Ihr Gefühl nennt Ihnen Ihre Gegenposition und hilft Ihnen, Ihr Gegenüber einzuordnen, ohne dass Sie diesen Gefühlen nachgeben müssen.

### 4.1.2 Der gelbe Kunde

**Umfeld und Atmosphäre**
Sein Schreibtisch ist unaufgeräumt, übersät mit Bergen von Papieren und Unterlagen. Das Faszinierende ist, dass er trotz des Chaos einen gewissen Überblick hat und weiß, was sich in welchem Stapel befindet. Trotzdem wird er mindestens einmal während Ihres Besuchs nach irgendetwas suchen und es nicht auf Anhieb finden. Derweil erzählt er Ihnen aber seinen neuesten Witz und die Suchzeit ist angenehm überbrückt. An den Wänden hängen Zettel mit persönlichen, aufbauenden Slogans und Notizen. Außerdem stimulieren ihn Poster von abenteuerlichen Szenen, etwa vom Kletterer über dem Abgrund oder vom Autorennen Paris–Dakar. Die Einrichtung seines Büros ist offen, luftig und freundlich. Er wird Ihnen bestimmt keinen Platz vor seinem Schreibtisch anbieten, sondern in einer bequemen Sitzgruppe. Deren Anordnung fördert den Kontakt und die informelle Atmosphäre.

Der gelbe Kunde telefoniert sicherlich ein- oder zweimal und unterbricht dadurch Ihr Gespräch. Wenn er wieder zu Ihnen zurückkommt, kann es sein, dass er sich auf einen anderen Stuhl setzt. Das entspricht seiner Dynamik und seinem Bedürfnis nach Abwechslung. Mit Sicherheit bietet er Ihnen etwas zu trinken an, wenn Sie sich nicht gleich in einem Restaurant treffen.

**Typische Verhaltensweisen**
Am auffälligsten im Verhalten des gelben Kunden ist, dass er die meiste Zeit redet, obwohl Sie es doch eigentlich sind, der das Produkt präsentieren soll. Aber das Produkt ist für den Gelben eben nicht das Wichtigste, er will erst mal wissen, von wem er es kauft. Und Sie sollen wissen, wem Sie es verkaufen. Deshalb wird sich die Unterhaltung zunächst im Allgemeinen und Persönlichen bewegen. Er wird Sie nach Ihrer Firma oder nach gemeinsamen Bekannten fragen. Und er wird Ihnen eine Menge über sich und sein Unternehmen erzählen. Seine Grundhaltung ist: Ich rede gerne mit den Leuten, auch wenn ich nicht unbedingt etwas kaufen will – vielleicht schließe ich ja eine neue Freundschaft!

Das Verhalten des Gelben ist stets freundlich und verbindlich, selbst wenn Sie umstrittene Themen behandeln. Sein Lächeln ist offen, er ist sehr entgegenkommend und unterstreicht seine einladende Haltung mit ausdrucksvollen Gesten. Er wird Sie möglicherweise ab und zu am Arm berühren oder Ihnen auf die Schulter klopfen, um die Distanz zu überbrücken. Er wirkt dabei sehr sicher. Sie spüren die ganze Zeit den Appell: „Schau, was für ein netter Kerl ich bin. Mich muss man einfach mögen!"

Er lacht viel, hat gerne Spaß und spielt gerne mal den Clown, erzählt Witze oder macht ironische Bemerkungen zur Auflockerung eines ernsten Gesprächs (s. Abb. 4.6). Er wird Ihnen viel von anderen Menschen erzählen, die er kennt. Vielleicht führt er Sie auch durch sein Unternehmen oder seine Abteilung, da er davon ausgeht, dass sein Bedürfnis nach Kontakt und neuen Leuten auch das Ihre ist. Sind Sie in einem Restaurant oder in einem Raum, von dem aus Sie andere Menschen beobachten können, wird er immer ein Auge dort haben, wo sich etwas abspielt. Das ist keine Unhöflichkeit Ihnen gegenüber, sondern entspringt einfach seiner Neugierde. Ihre Präsentation unterstützt er mit Ermutigung und Zustimmung, erscheint begeistert und beeindruckt von Ihrem Produkt. Seine Botschaft an Sie lautet: Ist das nicht eine angenehme Zusammenarbeit zwischen uns?

Er erhebt wenig oder gar keine Einwände: Ich verspreche mir nichts davon, den Leuten das Leben schwer zu machen. Vielleicht kauft er, lange bevor Sie ihm alles über das Produkt erzählt haben, weil er sich so für Sie und Ihr Produkt begeistert hat. Wenn er kauft, dann mit großem Elan. Wenn nicht, wird er Ihnen niemals ins Gesicht sagen, dass er Ihr Produkt nicht gut oder zu teuer findet. Er wird Alibis vorschieben, warum er jetzt nicht kaufen kann: „Ich möchte Sie nicht abweisen, aber ich weiß nicht, ob ich schon so weit bin." Er wird eher ablenken und Sie mit allerlei Themen hinhalten, bis Sie selbst merken, dass Sie zumindest heute nicht weiterkommen.

Unter Umständen werden Sie eine Enttäuschung erleben, wenn er Ihrer Präsentation mit großem Interesse und voller Zustimmung gefolgt ist und dann doch nicht kauft.

**Abb. 4.6** Der kreative, lebensfrohe Manager. (Quelle: Runzelkorn, Fotolia)

### 4.1.3 Der grüne Kunde

**Umfeld und Atmosphäre**

Familienbilder und persönliche Dinge fallen auf dem Schreibtisch eines grünen Kunden als Erstes ins Auge. An den Wänden hängen ebenfalls Familienbilder oder Fotos von seinen Kollegen beim letzten Betriebsausflug. Auch persönliche Slogans, die ihn motivieren und sein Selbstbewusstsein stärken, zieren die Wände. Die Einrichtung ist freundlich und gemütlich und sie wirkt beruhigend. Der Schreibtisch ist meist voll und etwas unordentlich, da er alles richtig machen will. Er will sicher sein, dass er nichts vergisst. Die Sitzanordnung ist offen und informell und fördert den Kontakt. Er mag keinen Schreibtisch zwischen sich und Ihnen. Eher lädt er Sie zu sich nach Hause ein.

**Typische Verhaltensweisen**

Der grüne Kunde ist entgegenkommend, freundlich und entspannt. Sie fühlen sich wohl und akzeptiert. Trotzdem erscheint er nachdenklich und vorsichtig. Seine Grundhaltung ist: „Ich will das eigentlich nicht. Je weniger man zu einem Außendienstmitarbeiter sagt, desto weniger läuft man Gefahr, einen schlechten Kauf zu machen."

Deshalb gibt er sich, besonders, wenn er Sie noch nicht oder nicht gut kennt, einsilbig, verschlossen und antwortet beiläufig. Sie glauben, Sie können seine Gedanken lesen: „Nur nicht ermutigen, sonst dreht er mir was an, was ich gar nicht will."

Wenn Sie ihn kennen und schon gute Geschäfte abgeschlossen haben, die beidseitigen Nutzen gebracht haben, wird er aufgeschlossener sein. Seine Zurückhaltung wird sich dann eindeutig nicht auf Sie, sondern auf das Produkt beziehen. Er weiß, dass er nicht Nein sagen kann, wenn Sie konkret fragen, und versucht, dieser Situation schon im Vorfeld vorzubeugen.

Ihre Präsentation verfolgt er deswegen schweigsam, höflich und zurückhaltend: „Denken Sie nur nicht, mein gelegentliches Nicken sei Zustimmung." Er fragt nach und braucht viele Informationen von Ihnen. Einwände wird er aber nicht offen erheben, sondern seine Zweifel eher in Fragen verpacken. Wenn er eine Entscheidung vermeiden will, benutzt er Vorwände und sagt Ihnen nicht klipp und klar, woran Sie sind. Im Zweifel wird er sich nicht sofort für das Produkt entscheiden, selbst wenn es ihm gefallen hat. Er muss erst noch eine Nacht darüber schlafen.

Vielleicht will er sich auch erst mit seinem Chef oder Kollegen besprechen. Oder er stimmt um des lieben Friedens willen zu, weil Sie ihn vielleicht zu sehr gedrängt haben, und macht den Kauf dann hinterher wieder rückgängig. Kauft er

**Abb. 4.7** Die traditionelle Managerin zu Hause. (Quelle: Gordon Grand, Fotolia)

schließlich, so fehlen ihm immer noch die rechte Überzeugung und Begeisterung. Grundsätzlich strahlt er dabei aus: „Ich weiß nicht recht." (s. Abb. 4.7).

Ist er eine Führungskraft, wird er möglicherweise mit noch mehr Zurückhaltung reagieren. Die Bereitschaft, auf Neues einzugehen und dafür die Verantwortung zu übernehmen, wird möglicherweise noch geringer sein.

### 4.1.4 Der blaue Kunde

**Umfeld und Atmosphäre**
Wenn Sie zu einem blauen Kunden kommen, hat er bereits alle Unterlagen, die Sie betreffen, vor sich auf dem Schreibtisch liegen. Der Tisch ist aufgeräumt und die Regale und Schränke zeugen von Struktur und Ordnung. An den Wänden sehen Sie Tabellen, Kurven und Grafiken oder Bilder, die mit der Arbeit zu tun haben. Die Einrichtung ist funktional und dezent. Die Sitzgruppe vermittelt Formalität und Kontaktabwehr. Unter Umständen müssen Sie bei einem blauen Kunden auch vor seinem Schreibtisch Platz nehmen.

**Typische Verhaltensweisen**
Der blaue Kunde ist zwar freundlich bei der Begrüßung, aber sehr distanziert und kommt gleich zur Sache. Ihre Person interessiert ihn nur im beruflichen Zusammenhang: Er fragt Sie nach Ihrer Kompetenz und nach Ihrem Unternehmen, aber persönliche Fragen wird er nicht einflechten. Er wird auch nur sehr wenig von sich erzählen, und sollten Sie ihn nach persönlichen Dingen fragen, wird er abblocken. Er möchte, dass sein Gesprächspartner qualifiziert und kompetent ist und das Produkt einwandfrei. Im Raum steht die unausgesprochene Frage: „Sind der Außendienstmitarbeiter und das Produkt logisch, akkurat, wertvoll, qualitativ einwandfrei und zuverlässig?"

Er hat sich vorher überlegt, was er in diesem Gespräch erreichen will, und sich möglicherweise dazu eine Liste gemacht. Punkt für Punkt geht er diese durch. Er ist bestrebt, die Kontrolle über das Gespräch in seiner Hand zu behalten, um seine systematische Vorgehensweise durchzuziehen. Sie werden sich manchmal in Ihre Schulzeit zurückversetzt fühlen, weil er auf Sie wirkt wie ein Lehrer, der Sie abfragt. Von Ihren Antworten macht er sich Notizen. Dabei hat er auch seine Unterlagen aus früheren Begegnungen zur Hand und kommt auf Dinge zurück, die er damals notiert hat.

Seine Botschaft ist eindeutig: „Ich merke mir alles und werde Widersprüche sofort aufdecken. Mich kann man nicht hinters Licht führen."

Er geht langsam und bedächtig vor und beobachtet Sie genau (s. Abb. 4.8). Er will auch aus Ihrer Körpersprache lesen, dass Sie ihm die Wahrheit sagen. Seine eigene Körpersprache dagegen ist sehr bedeckt, um Ihnen keine Anhaltspunkte darüber zu liefern, was er denkt und ob er kaufen wird oder nicht. Er hält immer Abstand zu Ihnen.

Sollten Sie ihm während des Gesprächs einmal freundlich auf die Schulter klopfen, wird er das als persönlichen Übergriff empfinden. Im Zweifel sitzt er aber so weit von Ihnen entfernt, dass es dazu gar nicht kommen kann. Seine Grundhaltung gegenüber Außendienstmitarbeitern ist: „Studiere erst gründlich alle schriftlichen Informationen, ohne dich vom Außendienstmitarbeiter zu einer schnellen Entscheidung drängen zu lassen." Er ist zutiefst misstrauisch, was sich aber nicht auf Sie persönlich bezieht.

Er will einfach nur keinen Fehler machen. Allerdings traut er einem Gespräch nicht so recht, sondern glaubt den Informationen, die er irgendwo gelesen hat, mehr

**Abb. 4.8** Die kühl distanzierte Managerin. (Quelle: Radu Razvan, Fotolia)

als Ihren Worten. Er strahlt auch deutlich aus, dass er im Grunde lieber schriftliche Informationen haben will. Er hört Ihrer Präsentation nachdenklich und scheinbar unbeteiligt zu. In Wirklichkeit registriert er ganz genau, was Sie sagen. Aber seine Botschaft ist eindeutig: „Ich brauche Zeit, um darüber nachzudenken. Ich brauche noch mehr Informationen." Oft beginnen seine Fragen mit: „Zeigen Sie mir …", womit er ausdrückt, dass Worte allein ihn nicht überzeugen.

Er ist fixiert auf das Datensammeln und wird Sie hundertprozentig zu dem Punkt bringen, an dem Sie mit Ihrem Latein am Ende sind und seine Fragen nicht mehr beantworten können – es sei denn, Sie sind auch ein Blauer. Einwände bringt er nur, wenn er Sie für kompetent genug hält, sie auch zu beantworten.

Wenn Sie ihn zu einer Entscheidung drängen wollen, wird er ausweichen. Den Abschluss verzögert er oder schiebt ihn gerne auf einen anderen Termin. Er muss sich alles in Ruhe noch mal durch den Kopf gehen lassen und sich das Material gründlich durchlesen. Mit Sicherheit wird er sich Konkurrenzangebote einholen.

## 4.2 Typische Erkennungsmerkmale der vier Grundtypen nach INSIGHTS MDI®

### 4.2.1 Typische Erkennungsmerkmale des Rot-Dominanten

Beziehung zu Menschen:

- Er zeigt ein dominantes, extrovertiertes und selbstbewusstes Auftreten.
- Er hat eine engagierte, kämpferische Art (er weiß es am besten).
- Er ist Individualist, kein Gruppenmensch.
- Er will hofiert und vom Chef persönlich bedient werden.
- Er wartet zum Beispiel nicht bei einem (Messe-)Besuch.
- Er wechselt häufiger das Personal aus (höhere Fluktuation).

Denk- und Handlungsweise:

- Er entscheidet schnell (auf der Basis weniger Schlüsselfaktoren).
- Die Gespräche sind kurz und er hat keine/wenige Fragen.
- Produktinformationen werden ignoriert, da er angeblich schon alles weiß.
- Er erscheint oft „auf die letzte Minute" oder gar nicht.
- Er lässt andere gerne warten, um seine Wichtigkeit zu unterstreichen.
- Er selbst kann nicht warten, er will sofort berücksichtigt werden.
- Er kritisiert schnell andere Menschen/Kollegen und schimpft über Verbände, Lieferanten und Vertreter.

- Er ist für Beziehungsmarketing offen, erwartet aber für sich nur das Beste (Essen, Sondernachlässe) und „springt auch schnell auf einen attraktiveren Zug auf".
- Er ist ein typischer Wechselkäufer.

Kommunikationsstil:

- Selbstbewusster, extrovertierter Kommunikationsstil mit lauter, dominanter Stimme
- Gesprächsführung sehr „Ich"-bezogen(„Was habe ich davon …?", „Was bekomme ich, wenn …?")
- Hoher eigener Redeanteil, kann nicht gut zuhören
- Spricht meist schnell und euphorisch, reißt andere mit
- Will schnelle Entscheidungen erzwingen (ja oder nein, keine weitere Fragen)

Äußerlichkeiten:

- Kleidet sich so, wie es ihm gefällt, orientiert sich wenig an anderen
- Schnellkäufer
- Legt Wert auf Imageprodukte, kauft hochwertige Markenprodukte (s. Abb. 4.9)

**Abb. 4.9** Empfangsbereich eines Rot-Dominanten. (Quelle: Thin Man, Fotolia)

## 4.2 Typische Erkennungsmerkmale der vier …

> **Fazit für den Verkäufer**
> - Gesprächseinstieg sollte sehr freundlich, leicht hofierend und kurz sein – „von Rot zu Rot".
> - Bedarfsanalyse ist schwieriger. Er hat keine Lust, so viel Zeit damit zu verlieren, oder er müsste zugeben, dass er einiges vom Produkt gar nicht weiß. Eher in Etappen oder bei Mitarbeiter (vorher abklären) fragen.
> - Argumentationsphase: Kurz und knapp die wichtigsten Nutzenargumente für den roten Kunden herausstellen. In der Sprache kraftvoll und plakativ.
> - Abschluss: kurz und knapp, fordernd und verbindlich. Da er gegenüber Neuem und Beziehungsmarketing aufgeschlossen ist, ist er ein „Wechselkäufer", der gegebenenfalls schnell wieder umsattelt und gut blenden kann.
> - Bei Reklamationen: schnell erledigen, keine Detailerklärungen abgeben.

### 4.2.2 Typische Erkennungsmerkmale des Gelb-Dominanten

Beziehung zu Menschen:

- Er möchte bei allen beliebt sein; freundlicher, liebenswerter Mensch.
- Er hat ein kontaktfreudiges und selbstbewusstes Auftreten (Gewinnertyp).
- Er kann mit allen und ist sehr flexibel und anpassungsfähig.
- Er kann begeistern und mitreißen.

Denk- und Handlungsweise:

- Die Welt ist schön, drum lass sie uns genießen.
- Er hat viele Ideen und ist sehr kreativ.
- Neuen Trends gegenüber ist er sehr aufgeschlossen (Innovationsführer).
- Pünktlichkeit ist ihm nicht so wichtig.
- Für Beziehungsmarketing ist er offen, es muss aber etwas Besonderes sein – sonst besser nichts.
- Er verspricht viel und hält dies dann aber nicht immer ein.
- Er ist ein Wechselkäufer, denn er kauft stets das Neueste.

Kommunikationsstil:

- Selbstbewusster, extrovertierter Kommunikationsstil mit mitreißender Stimme
- Gesprächsführung sehr wohlwollend
- Will den Menschen gewinnen

- Hoher eigener Redeanteil, kann nicht so gut zuhören, da er gerne erzählt
- Spricht sehr lebendig, akzentuiert und euphorisch, spielt mit der Stimme

Äußerlichkeiten:

- Auffällige Kleidung, tolles Auto, großzügiges Büro, besondere Accessoires wie Kugelschreiber, neuestes Smartphone etc.
- Er legt Wert auf Statussymbole (I-Phone, digitales Time-System, Möbelpalast, Neubauten, Porsche, Golfklub, extravagante Zeitschriften, gestyltes Personal), wenn er es sich leisten kann; ansonsten preiswert anders sein (exotische Pflanzen, Bilder von Extremsport etc., [s. Abb. 4.10]).

**Abb. 4.10** Empfangsbereich eines Gelb-Dominanten. (Quelle: iofoto, Fotolia)

## Fazit für den Verkäufer

- Gesprächseinstieg sehr freundlich und herzhaft – „von Gelb zu Gelb".
- Bedarfsanalyse ist schwieriger. Er hat keine Lust, sich festzulegen, oder er müsste zugeben, dass er einiges vom Produkt gar nicht weiß. Eher in Etappen fragen und genau hinhören.
- Argumentationsphase: lebendige und euphorische Präsentation. Kurz und knapp die wichtigsten Nutzenargumente herausstellen (plakativ und reißerisch). Immer das Neue und Einzigartige betonen.
- Abschluss: immer hier und jetzt „den Knopf dranmachen". Bei Begeisterung gleich Großauftrag machen. Da er gegenüber Neuem sehr aufgeschlossen ist, ist er ein „Wechselkäufer", der gegebenenfalls schnell wieder umsattelt und gut blenden kann. Innovative Produktkonzepte zuerst immer bei den „Gelben" vorstellen.

### 4.2.3 Typische Erkennungsmerkmale des Grün-Dominanten

Beziehung zu Menschen:

- Er ist stets nett und freundlich.
- Er interessiert sich für die Person hinter der Funktion eines Menschen.
- Er ist harmoniebedürftig.
- Er liebt die Menschen (spricht diese mit Namen an) und ist selbst beliebt.
- Er erzählt viel aus dem privaten Umfeld, ist vertrauensvoll.
- Trotzdem ist er vorsichtig und nachdenklich.

Denk- und Handlungsweise:

- Er entscheidet viel „über den Bauch", ist ein introvertierter „Fühler" und besitzt hohe Empathie.
- Bei Entscheidungen ist er sehr zögerlich und abwägend.
- Er ist gegenüber Produktinnovationen nicht aufgeschlossen, sondern konservativ und sehr vorsichtig.
- Die Gesprächsatmosphäre ist ihm wichtig – er muss sich wohlfühlen.
- Er wünscht keine schnellen Veränderungen.
- Da der Mensch ihm wichtiger ist als eine gute Zeitplanung, ist er häufig unpünktlich.
- Er will es möglichst allen recht machen.
- Er erteilt Höflichkeitsaufträge.

Kommunikationsstil:

- Warmherziger Gesprächsstil ohne Zeitdruck, lächelt einen häufiger an
- Verzettelt sich öfters in Atmosphäre schaffenden Themen oder in Geplänkel, lange Gespräche, verfolgt während des Gespräches kein Ziel
- Kann sehr gut zuhören, ausgeglichene Gesprächsanteile

Äußerlichkeiten:

- Familiäre Atmosphäre mit Pflanzen, privaten Bildern, Kinderspielecken
- Äußerlichkeiten sind ihm nicht wichtig: kein Prunk, sondern häufig älteres Auto oder Kleidung, die nicht mehr dem neuesten Trend entspricht
- Häufig veraltetes Mobiliar und veraltete Technik (s. Abb. 4.11)

**Abb. 4.11** Empfangsbereich eines Grün-Dominanten. (Quelle: Fotomontage aus Wintergarten: Anne Katrin Figge, Bergpalme: Stefan Balk, und Wildflowers: Alexandre Belinski, alle Fotolia)

> **Fazit für den Verkäufer**
> - Gesprächseinstieg: freundlich und warmherzig, eher etwas länger, aber auf Zeit achten (Übergang vorausplanen), da sonst nur geplaudert wird.
> - Die Beziehung will gepflegt sein.
> - Die Bedarfsanalyse ist relativ leicht, da er bereitwillig Fragen beantwortet (Gefahr, dass es zeitlich ausufert, gegebenenfalls kürzere Fragen, auch geschlossene Fragen stellen).
> - Argumentationsphase: die Nutzenargumente emotional formulieren, ihn als Helfer ansprechen. Er ist ein Sicherheitsdenker, deshalb Entwicklungsinvestitionen, Studien etc. herausziehen und betonen, dass er damit auf der sicheren Seite ist.
> - Abschluss: deutlich und verbindlich. Da er gegenüber anderen Vertretern auch nicht Nein sagen kann, besteht die Gefahr, dass er sehr viele verschiedene Lieferanten einsetzt, die sich den Umsatz teilen müssen. Deshalb stets am Ball bleiben. Nicht zu soft bleiben, aber stets einen atmosphärisch guten Gesprächsausstieg finden.

### 4.2.4 Typische Erkennungsmerkmale des Blau-Dominanten

Beziehung zu Menschen:

- Er ist kühl, zurückhaltend, distanziert, formell und höflich.
- Er gibt wenig Raum für Small Talk und wenig oder keine Infos aus seinem privaten Umfeld preis.
- Er braucht seinen Sicherheitsabstand.
- Es zählt die Sache, er muss sich dabei atmosphärisch nicht wohlfühlen.
- Er ist für Lob nicht zugänglich, es ist ihm eher peinlich.
- Er ist kritisch, ehrlich und direkt.

Denk- und Handlungsweise:

- Er ist ein introvertierter „Denker".
- Er entscheidet nach Sachkriterien (Zahlen, Daten, Fakten, wie z. B. Umsatz, Artikelumschlagshäufigkeit etc.; Vorsicht mit Beziehungsmarketing, hält sich stets an Compliance-Regeln).

- Er ist gut durchorganisiert, Besprechungsraum ist vorbereitet, keine langen Wartezeiten.
- Er ist stets pünktlich und zuverlässig und erwartet dies auch vom anderen.
- Er verliert sein Ziel nicht aus den Augen.
- Die Gespräche sind eher länger (hat viele Fragen, weil er die Hintergründe verstehen muss, hohes Bedürfnis, die richtige Entscheidung zu treffen).
- Er ist skeptisch gegenüber neuen Modellen und Trends, abwartend, prüfend, wartet auf Nachweise.
- Er wünscht keine schnellen Veränderungen – diese müssen durchdacht sein.
- Er schreibt mit und vergisst nichts.
- Er weiß genau, was ihm fehlt (Sortimentslücke) bzw. was er braucht.

Kommunikationsstil:

- Sachliche Kommunikation mit präziser, sehr differenzierter Wortwahl
- Legt jedes Wort auf die Goldwaage
- Spricht meist langsamer, sachlich und ruhig
- Eigener Redeanteil meist gering (fühlt sich schnell ausgefragt; Vorsicht!)

Äußerlichkeiten:

- Funktionale, korrekte Kleidung, ebenso Auto, EDV etc. (s. Abb. 4.12)
- Kann stets exakt begründen, warum er was gekauft hat

### Fazit für den Verkäufer

- Gesprächseinstieg höflich, formell (Visitenkarte), freundlich und kurz halten
- Bedarfsanalyse ist schwieriger, solange er sich ausgefragt fühlt. Wenn er den Sinn für sich bei den Fragen erkennt, ist er zurückhaltend auskunftsbereit. Deshalb begründen, warum Sie etwas fragen, und seinen Nutzen dabei herausstellen und gegebenenfalls in Etappen fragen.
- Argumentationsphase: sachlich, fundiert argumentieren (gut vorbereitet sein), keine übertriebenen Versprechungen (vergisst nichts) und eine korrekte, sachliche Wortwahl, niemals Superlative oder „reißerische" Worte verwenden.

4.3 Übersichten zum schnelleren Erkennen ...

**Abb. 4.12** Empfangsbereich eines Blau-Dominanten. (Quelle: Miserere, Fotolia)

- Abschluss: kurz und verbindlich. Er ist ein „ehrlicher" Partner, der sich an Vereinbarungen hält, wenn Sie ihn überzeugt haben. Deshalb nicht zu lange beim Abschluss verweilen (peinlich).

## 4.3 Übersichten zum schnelleren Erkennen der verschiedenen Persönlichkeitstypen und zum erfolgreichen Umgang mit ihnen

Folgende Übersichten (s. Abb. 4.13, 4.14 und 4.15 ) und Checklisten (s. Abb. 4.16 und 4.17) sollen Ihnen dabei helfen, die jeweiligen Persönlichkeitstypen schnell zu erkennen und erfolgreich mit ihnen umzugehen.

# 4 Die INSIGHTS MDI®-Persönlichkeitstypologie

**Abb. 4.13** Grundorientierung. (Quelle: INSIGHTS MDI®)

## Hinweise auf den Kommunikationsstil

**BLAU**
- langsame Redegeschwindigkeit
- wenig oder keine Gefühle
- kontrolliert und detailverliebt
- differenzierte, abwägende Wortwahl
- eher monoton
- geschäftsmäßig
- stellt gezielte fachliche Fragen
- kann kritische Urteile fällen

**ROT**
- schnelle Redegeschwindigkeit
- kurze Gesprächspausen
- spricht laut
- klingt selbstbewusst
- antwortet schnell, ist spontan
- beteiligt sich
- neigt dazu, zu unterbrechen
- vertritt seine Meinung deutlich

**GRÜN**
- langsame Redegeschwindigkeit
- ruhige Sprechweise
- denkt vor der Antwort
- vom Typ her eher ein guter Zuhörer
- verwendet diplomatische Sprache
- hält seine Meinung zurück
- könnte darauf warten, bis sich der andere vorstellt

**GELB**
- schnelle Redegeschwindigkeit
- emotionale, lebendige Sprechweise
- lockere Wortwahl
- redet zuerst über die Person
- zeigt Gefühle
- wechselnde Sprachmelodie
- stellt persönliche Fragen

**Abb. 4.14** Hinweise auf den Kommunikationsstil. (Quelle: INSIGHTS MDI®)

## Hinweise auf die Körpersprache

**BLAU**
- zurückhaltend
- geringes Mienenspiel
- wirkt eher formell
- wenig Feedback
- vermeidet körperlichen Kontakt
- sehr geschäftsmäßig
- sitzt hinter einer Barriere

**ROT**
- lehnt sich nach vorn
- wirkt manchmal aggressiv
- zeigt Ungeduld
- hält fixierenden Augenkontakt
- fester Händedruck
- schneller Gang – wirkt entschlossen
- Lippen häufig zusammengepresst

**GRÜN**
- mehr verpflichtend
- eher entspannt oder reserviert
- Augenkontakt mit Unterbrechungen
- eher sanfter Händedruck
- erscheint vorsichtig
- vermeidet Berührungen
- wenig Gesten

**GELB**
- offen und entgegenkommend
- starkes Mienenspiel
- lächelt öfter
- mehr körperlicher Kontakt
- lockerer, leichter Redestil
- moderne, extravagante Kleidung
- entspannte, lockere Haltung
- sehr persönlich

**Abb. 4.15** Hinweis auf die Körpersprache. (Quelle: INSIGHTS MDI®)

## 4.3 Übersichten zum schnelleren Erkennen …

## Erkennungsmerkmale der vier Grundtypen

| MERKMAL | ROT | GELB | GRÜN | BLAU |
|---|---|---|---|---|
| Kontakt-aufnahme, Beziehungen | dominant, extrovertiert, selbstbewusst | charmant, extrovertiert begeisternd | freundlich, introvertiert, vorsichtig | distanziert, introvertiert, formell |
| Denk- und Handlungs-weise | 3 Fakten, Schnell-entscheider | emotionaler Spontan-entscheider | abwägender, vorsichtiger Entscheider | analytischer, langsamer Entscheider |
| Sprache / Körper-sprache | Laut, schnell, powervoll, dominant | blumig, lebendig, mitreißend | warmherzig, harmonisch, verzettelt sich | kühl, sachlich, langsam und differenziert |
| Äußerlich-keiten, Besitztum | Image, Wertigkeit | Das Neueste, anders, auffällig | wenig Bedeutung, heimelig | korrekt, angemessen, funktional |

**Abb. 4.16** Erkennungsmerkmale der vier Grundtypen. (Quelle: eigene Zusammenfassung auf der Basis von INSIGHTS MDI®)

## Erfolgreicher Umgang mit den vier Grundtypen

| VERKAUFS-PHASEN | ROT | GELB | GRÜN | BLAU |
|---|---|---|---|---|
| Vorbereitungs-Phase | max. 3 Nutzen, taff präsentieren | lässige, fetzige Sprache | individueller Aufhänger | alle Fakten, sehr intensiv |
| Einstiegs-Phase | schnell zur Sache kommen | locker, emotional gewinnend | warmherzig, Übergang schwierig | kurz, knapp, formal |
| Bedarfsanalyse-Phase | nur wenige Fragen | kurz: worauf fährt er ab? | aufs Gesprächsklima achten | sehr detailliert, viele Fragen |
| Präsantations-Phase mit Nutzen | kurz und knapp präsentieren | fetzige Präsentaion | menschl. Nutzen Refereznzen | ruhig, sachlich, nicht übertreiben |
| Einwandbehandlung / Preiskampf | kurz, hart, schlagfertig | locker, lässig | ruhig und fair | sach- u. ehrlich entkräftigen |
| Abschluss-Phase | Alternativen bieten, zügig | fließend, hier und jetzt | glitschig, dran bleiben | Zeit lassen, dran bleiben |

**Abb. 4.17** Erfolgreicher Umgang mit den vier Grundtypen. (Quelle: eigene Zusammenfassung auf der Basis von INSIGHTS MDI®)

## 4.3 Übersichten zum schnelleren Erkennen …

Welches waren Ihre wichtigsten Erkenntnisse aus Teil II?
Machen Sie sich dazu hier Ihre Notizen:

_____
_____
_____
_____
_____
_____
_____
_____
_____
_____
_____
_____
_____

**Ausblick**

Im Teil III werden jetzt die wichtigsten Verkaufstechniken in den jeweiligen Phasen des Verkaufsgesprächs unter Berücksichtigung der verschiedenen Kundentypen und deren Erwartungen an Ihr Gesprächsverhalten dargestellt.

# Teil III
# Olympisch Verkaufen mit den effizientesten Methoden und Verkaufstechniken in den jeweiligen Verkaufsphasen

Im Leistungssport ist es völlig normal, Benchmarking zu betreiben. Das heißt, ein 110-Meter-Hürdenläufer schaut, wer der beste Starter ist, wer die beste Hürdentechnik und wer das beste Finish hat. Von wem werden diese Sportler trainiert und mit welchen Methoden trainieren diese Trainer? Was davon kann ich in mein Trainingsprogramm übernehmen, um diese Fähigkeiten ebenso zu erzielen oder gar zu übertreffen. Genauso gehen die Fußballspieler, Tennisspieler, etc. vor. Wer hat derzeit den besten Aufschlag? Wer den besten Return und was zeichnet diese Spieler aus? Von den Besten zu lernen und das maximale an Leistungsfähigkeit bei sich herauszuholen, ist langfristig das oberste Ziel eines Olympia-Siegers. Kurzfristig heißt es aus der eigenen, derzeitig vorhandenen Leistungsfähigkeit das maximale Ergebnis zu erzielen. So stellte sich die deutsche Fußballmannschaft im Finale auf Argentinien optimal ein, indem sie Lionel Messi nicht zur Entfaltung kommen ließ und nach hinten absicherte. Es war taktisch ein völlig anderes Spiel wie im Halbfinale gegen Brasilien. Wer also siegen und Gold holen will, muss sich auf seinen sportlichen Gegner bzw. Kunden im Verkaufsgespräch einstellen und kann nicht einfach immer gleich agieren.

Wer auf höchstem, olympischem Niveau verkaufen will, muss auf die verschiedenen Kundentypen eingehen wollen und können. Deshalb sollten Sie sich die Spitzenverkäufer anschauen. Was zeichnet diese aus? Denn olympisch Verkaufen heißt typgerechtes Verkaufen in jeder Verkaufsphase erfolgreich anzuwenden.

# Die effizientesten Methoden und Verkaufstechniken in den jeweiligen Phasen 5

## 5.1 Die optimale Vorbereitung in der Praxis

In der Praxis ist eine gute Vorbereitung das A und O für einen erfolgreichen Kaufsprozess (s. Abb. 5.1).

### 5.1.1 Die Tourenplanung

Es zeigt sich immer wieder, dass viele Außendienstmitarbeiter kreuz und quer durch ihr Gebiet fahren. Um aber eine möglichst hohe Effizienz mit der begrenzten Arbeitszeit zu erzielen, sollten Sie einen wohl durchdachten und genau konzipierten Tourenplan erarbeiten. Das heißt, Sie müssen Ihre Strecken planen und die Route optimieren, damit Sie möglichst wenig Zeit im Auto und dafür mehr beim Kunden verbringen. Dafür gibt es heute schon softwareunterstützte Routenplaner.

Die meisten besuchen ihre Kunden mehrmals im Jahr. Insbesondere die A- und B-Kunden (s. Kap. 5.1.3) werden mehrfach besucht. Versuchen Sie, Ihre Touren möglichst schriftlich festzuhalten, damit Sie diese nicht jedes Mal neu planen müssen. Denn auch die Tourenplanung erfordert einen größeren Zeitaufwand – je nachdem, wie viele Kunden Sie an einem Tag besuchen wollen.

Fragen Sie also nicht: Wann haben Sie das nächste Mal Zeit?

Sinnvoller ist es: Haben Sie am … um … Uhr Zeit? Bei „Nein" sollten Sie einen konkreten weiteren (noch freien) Termin vorgeben, der in Ihre Alternativtour passt.

Leider ist dies bei Neukunden oder Gebietsübernahmen in der Regel noch deutlich schwieriger als bei langjährigen Geschäftspartnern. Es gibt sicherlich je

**Abb. 5.1** Eine gute Vorbereitung ist die halbe Miete. (Quelle: Agenzia Visione, Fotolia)

nach Branche Kunden, die Sie auch ohne Terminvereinbarung einfach besuchen können, wenn Sie bereit sind, etwas zu warten. Doch viele Kunden, insbesondere Neukunden, erwarten eine vorherige Terminvereinbarung. Deshalb sollten Sie die wichtigsten Regeln bei der telefonischen Terminvereinbarung beherrschen.

### 5.1.2 Telefonische Terminvereinbarung

Nach der Studie von Prof. Albert Mehrabian entsteht der erste Eindruck zum größtenTeil (55 %) durch die Körpersprache und Äußerlichkeiten. Die Stimme prägt denersten Eindruck zu 38 % und der Inhalt und die Wortwahl nur zu 7 %. Am Telefon istdie Situation natürlich anders, da die Optik und Körpersprache augenscheinlich wegfällt. Der erste Eindruck am Telefon entsteht zu 84 % durch die Stimme und nur zu 16 % durch den Inhalt. Das heißt, der überwiegende Teil von Körpersprache und Optik geht in die Stimme. Über die Stimme machen wir uns – meist unbewusst – ein ganz genaues Bild unseres Telefonpartners. Wir schließen auf Größe, Körpergestalt, Attraktivität und so weiter. Die Realität ist dann oft eine ganz andere.

Deshalb ist es wichtig, sich auf ein Telefonat gut vorzubereiten und die Stimme gezielt einzusetzen, um eine positive Wirkung zu erzielen.

Hier einige grundsätzliche Regeln für ein erfolgreiches Telefonat:

- Versetzen Sie sich in eine positive, optimistische Stimmung, indem Sie sich erfolgreiche Telefonate wieder in Erinnerung rufen.
- Machen Sie sich Ihr Ziel (Terminvereinbarung) bewusst und verlieren Sie es nicht aus dem Auge. Sie wollen keinen Telefonverkauf tätigen, also erzählen Sie nicht zu viele Details.
- Hören Sie aufmerksam zu – insbesondere, wenn der Kunde oder die Sekretärin sich mit Namen melden. Sprechen Sie den Kunden/die Sekretärin dann auch mit dem Namen an.
- Erstellen Sie sich einen individuellen Gesprächsleitfaden – aber beten Sie diesen nicht auswendig herunter.
- Stellen Sie den Mehrwert/Nutzen für den Kunden kurz und komprimiert dar, denn der Kunde fragt sich immer, was er von einem Gesprächstermin hat.
- Senden Sie „Sie-Botschaften" und keine „Ich-Botschaften", also anstatt „Ich schicke Ihnen das zu." besser: „Die Unterlagen gehen heute noch an Sie raus."
- Kommen Sie zügig auf den Punkt (Terminvereinbarung).
- Seien Sie immer freundlich und positiv gestimmt und sprechen Sie aktiv und dynamisch, denn mit Langweilern will keiner sprechen und Sorgen hat jeder selbst genug.

### 5.1.2.1 Der Telefongesprächsverlauf in mehreren Phasen
**Begrüßung und Vorstellung**

Viele Menschen denken, dass bei Telefonaten der Inhalt das Wichtigste ist. Ein Telefonat – und die Entscheidung über den Erfolg – beginnt jedoch bereits mit der Begrüßung und Vorstellung.

Unsere Meldung am Telefon ist unser verbaler Händedruck. Wir wollen keinen „toten Fisch" (leise, monotone Stimme, Ähms und Nuschelei) und auch keinen „Schraubstockgriff" (zu laut, zu schnell, keine Pausen). Wenn wir bei einem Kunden anrufen, meldet sich dieser in der Regel mit (Vorname,) Nachname und Firma.

> **Hier einige alternative Beispiele für Gesprächseinstiege**
>
> - „Schönen guten Tag, Herr Kunde, mein Name ist Petra Kurz von der Firma The Best."
> - „Hallo, guten Tag, Herr Kunde, hier ist die Firma The Best, mein Name ist Petra Kurz."
> - „Grüße Sie, Herr Kunde, hier ist die Firma The Best, mein Name ist Kurz, Petra Kurz."

**Gründe für diese Einstiegsvarianten**
Ein freundlicher Einstieg und die namentliche Ansprache erhöht die Aufmerksamkeit des Kunden. Und das Voransetzen von „Mein Name ist ..." gibt dem Kunden Gelegenheit, sich Ihren Namen zu merken. Stellen Sie sich IMMER mit Vor- und Nachnamen vor. Dies wirkt offener, freundlicher, stellt eine persönliche Verbindung her und reduziert Verwechslungen. Achten Sie auf eine freundliche und dynamische Stimme, denn die ersten Sekunden prägen den ersten Eindruck. Und auch wenn es heute schon Ihr 78. Telefonat ist – für den Kunden ist es der erste Eindruck – und dafür gibt es bekanntlich keine zweite Chance!

**Gesprächseinstieg**
Erhalten Sie einen Anruf von einem Fremden, stellt sich Ihr Unterbewusstsein sofort einige Fragen. Ähnliche Fragen stellen wir uns auch, wenn wir einen Brief oder eine E-Mail erhalten. Bitte überlegen Sie kurz, welche Fragen das sind bzw. sein könnten.

Es sind zum Beispiel folgende Fragen:

- Wer ist das?
- Was will der von mir?
- Was habe ich davon?
- Wie kommt der auf mich?
- Wie lange wird das Gespräch dauern?
- Wird er mich was fragen – oder mich nur „zutexten"?

Sie kennen nun die Fragen, die Ihre Kunden sich stellen. Bereiten Sie sich entsprechend vor und liefern Sie in den ersten Sätzen möglichst viele Antworten dazu.

**Mögliche Einstiegsmethoden**

- Wahrheiten: „Frau/Herr Kunde, Sie sind ein führender Anbieter im Bereich XY."
- Information und Frage: „The Best steht für preiswerte Marken-Business-Kleidung. Daher meine Frage heute an Sie ..."
- Sofort zum Thema kommen: „Frau/Herr Kunde, Grund meines heutigen Anrufs bei Ihnen ..."
- Vorwegnahme: „Ich kann mir gut vorstellen, dass gerade Unternehmen wie Sie sehr auf ein repräsentatives Outfit Ihrer Servicemitarbeiter achten. Worauf legen Sie da speziellen Wert?"

## 5.1 Die optimale Vorbereitung in der Praxis

Jeder Mensch hat seine eigenen, individuellen Erfahrungen mit solchen Anrufen. Überraschen Sie Ihre neuen, potenziellen Kunden positiv und kommen Sie dadurch leichter ins Gespräch. Und denken Sie natürlich auch an die unterschiedlichen Gesprächstypen, auf die Sie treffen werden.

### Zwei Beispiele für Gesprächsleitfäden

**Eine leichtere Ausgangslage für eine Terminvereinbarung**
Gespräch zwischen einem Möbelhändler (Geschäftsführer) und einem Außendienstmitarbeiter eines Schlafzimmerherstellers:
- Zentrale: „Möbelhaus Traumland, Sie sprechen mit Frau Müller, guten Tag."
- Außendienstmitarbeiter (ADM): „Guten Tag, Frau Müller, mein Name ist Peter Freundlich von Schlafland."
- Zentrale: „Guten Morgen."
- ADM: „Guten Morgen, Frau Müller, bitte verbinden Sie mich mit dem Sekretariat des Geschäftsführers Karl Petersen."
- Zentrale: „Einen Moment …"
- Sekretariat: „Petra Schmidt, grüß Gott."
- ADM: „Grüß Gott, Frau Schmidt, mein Name ist Peter Freundlich von Schlafland. Sagen Sie Frau Schmidt, ist der Karl Petersen heut' schon im Haus?"
- Sekretariat: „Ja, er ist schon da."
- ADM: „Prima, dann geben Sie ihn mir bitte kurz. Danke schön."
- Sekretariat: „Ähm, ja, einen Moment bitte."

**Jetzt etwas schwieriger**
- Sekretariat: „Ja, er ist schon da. Worum geht es denn?"
- ADM: „Um ein neues Schlafzimmerkonzept, das ihm eine deutlich höhere Rendite ermöglicht als die Schlafzimmermodelle der Wettbewerber. Bitte verbinden Sie mich mit ihm. Danke".
- Sekretariat: „Ja, einen Augenblick!"

**Und so geht es weiter**
- Geschäftsführer (GF): „Karl Petersen."
- ADM: „Guten Tag, Herr Petersen, mein Name ist Peter Freundlich von Schlafland".
- GF: „Guten Tag, Herr Petersen."
- ADM: „Herr Petersen, darf ich gleich zum Punkt kommen?"
- GF: „Ja, gerne."
- ADM: „Wir haben ein neues Schlafzimmerkonzept entwickelt, das Ihnen einen mindestens doppelt so hohen Quadratmeterumsatz ermöglicht als das unserer Mitbewerber."

- GF: „Was ist denn das Besondere an Ihrem Schlafzimmerkonzept?"
- ADM: „Unser Schlafzimmerkonzept umfasst das Bett sowie darauf abgestimmte Schränke und Kommoden."
- GF: „Das hört sich gut an, aber warum soll ich damit den doppelten Quadratmeterumsatz machen?"
- ADM: „Herr Petersen, mit welchen Schlafzimmerlieferanten arbeiten Sie denn derzeit zusammen?"
- GF: „Mit der Firma X, der Firma Y und der Firma Z. Und mit denen sind wir eigentlich ganz zufrieden."
- ADM: „Unser Schlafzimmersystem können wir Ihnen millimetergenau fertigen, mit zwanzigerlei Dekorfronten, auch furniert, sodass Sie mit einem einzigen Schlafzimmerkonzept, für das Sie nur zehn Quadratmeter Ausstellungsfläche brauchen, für eine sehr große Kundenzielgruppe immer eine passende Lösung in der jeweiligen Preislage bieten können. Und dies würde ich Ihnen gerne einmal zeigen."
- GF: „Hmm, das hört sich gut an."
- ADM: „Herr Petersen, ich bin Anfang nächster Woche in Ihrer Gegend. Wann würde es Ihnen denn passen? Ich könnte Ihnen unser Schlafzimmerkonzept am kommenden Montagnachmittag oder am Dienstag präsentieren?"
- GF: „Hmm, dann kommen Sie doch kommenden Dienstag gleich um 9 Uhr bei mir vorbei."
- ADM: „Prima, Herr Petersen, dann sehen wir uns kommenden Dienstag, den 12. April, um 9 Uhr."

Quelle: angelehnt an Gesprächsleitfaden von Tim Taxis, Heiß auf Kaltakquise in 45 min, Haufe 2013

### 5.1.2.2 Telefonstrategien für rote, gelbe, grüne und blaue Kunden

**Rote Kunden**
- Schlagen Sie einen geschäftsmäßigen Tonfall an; vermeiden Sie Small Talk.
- Betonen Sie die Vorzüge Ihres Produkts, die auf das Selbstwertgefühl und die Unabhängigkeit des Roten abzielen.
- Rechnen Sie mit offener Ablehnung und mit Unterbrechungen. Von einem Roten können Sie ein klares Ja oder Nein erwarten.

**Gelbe Kunden**
- Seien Sie freundlich und offen, aber übertreiben Sie es nicht.
- Richten Sie die Vorzüge Ihres Produkts auf die sozialen Bedürfnisse des Gelben.

5.1 Die optimale Vorbereitung in der Praxis

- Rechnen Sie mit schneller Zustimmung. Achtung: Der Gelbe fühlt sich dadurch in keinster Weise verpflichtet.
- Übernehmen Sie das Gespräch.
- Von einem Gelben bekommen Sie relativ schnell einen Termin; erwarten Sie aber nicht unbedingt, dass er es verbindlich meint.

**Grüne Kunden**
- Ihr Tonfall sollte warmherzig und entspannt sein, ohne dass Sie dabei zu „gelb" klingen.
- Die Vorzüge Ihres Produkts sollten dem Grünen Sicherheit gewährleisten.
- Rechnen Sie mit Stille und Gleichgültigkeit am anderen Ende der Leitung; lassen Sie dem Grünen Zeit zum Nachdenken.
- Ein Grüner wird Ihnen ein eingeschränktes Ja zu einem Termin geben (oder zumindest zögern, ein eindeutiges Nein ist eher unwahrscheinlich).
- Schicken Sie ihm, wenn möglich, vorher Unterlagen zur Durchsicht.

**Blaue Kunden**
- Sie sollten viele Informationen und Daten zu Ihrem Produkt parat haben.
- Rechnen Sie mit langen Denkpausen und unterkühlter Sachlichkeit.
- Von einem Blauen können Sie ein bedingtes Ja oder ein logisches Nein erwarten.

**Fazit**

Auch wenn Sie diesen Einstieg schon tausendmal so gemacht haben. Machen Sie sich bewusst, dass dieser Kunde, den Sie gerade anrufen, Ihren Einstieg das erste Mal so erlebt. Bereiten Sie also maximal drei Versionen vor, die FÜR SIE stimmig sind. Feilen Sie so lange daran, bis Sie damit die Erfolge haben, die Sie sich vorgenommen haben.

Und formulieren Sie die maximal drei wichtigsten Mehrwert-/Nutzenargumente (s. Kap. 4.4.1.2) für den Kunden unbedingt schriftlich aus. Und zwar so kurz und prägnant wie möglich.

Produkt 1/Dienstleistung 1:
Nutzen- oder Mehrwertargumente

1. _____

2. _____

3. _____

Zur Vereinfachung sollten wir uns beim Telefonieren vor allem auf die Sprechgeschwindigkeit und Lautstärke konzentrieren und uns entsprechend anpassen (Pacing). Sollten Einwände im Telefonverlauf genannt werden, so gehen Sie damit um wie im Kap. 5.4.2 ausgeführt.

Die Differenzierung der Nutzenargumente nach Farbtypen empfehle ich im Face-to-Face-Gespräch anzuwenden.

### 5.1.3 Die A-B-C-Analyse

Sie müssen ca. zehn Ihrer wichtigsten Kunden namentlich aus dem Stegreif kennen und jederzeit die wichtigsten Kundendaten, aktuelle Auftragssituationen, Lieferstand und Reklamationen etc. dieser Kunden parat haben.

In der Praxis hat sich gezeigt, dass Sie mit ca. 5–10 % Ihrer Kunden insgesamt ca. 60–70 % Ihres Umsatzes machen. Für diese sogenannten A-Kunden sollten Sie sich Strategien ausdenken, wie Sie mit ihnen den Umsatz um ca. 30–50 % steigern können. Dies ist durchaus realistisch, denn diese Kunden haben schon eine gute Geschäftsbeziehung zu Ihnen. Was also müssten Sie noch tun, damit sie noch mehr bei Ihnen kaufen?

**Welche Ihrer Kunden sind wahre Goldnuggets (s. Abb. 5.2)?**
Mit 25 % der Kunden machen wir meist ca. 25 % des Umsatzes. Diese sogenannten B-Kunden sind für Sie als Verkäufer ebenfalls von Bedeutung. Die Erfahrung zeigt, dass Sie mit den restlichen 65–70 % der Kunden (den sogenannten C-Kunden) nur 5–15 % Ihres Umsatzes machen. Verschwenden Sie also nicht zu viel Zeit für diese

**Abb. 5.2** Auf der Suche nach Goldnuggets? (Quelle: Strandperle, Comstock)

## 5.1 Die optimale Vorbereitung in der Praxis

Kunden, sondern versuchen Sie, die Besuchsfrequenz bei den C-Kunden zu reduzieren und stattdessen häufiger telefonisch die Auftragsklärung abzuwickeln.

Sie sollten sich für Ihre A-, B- und C-Kunden klare Vorgaben für Besu teressant wäre die A-B-C-Analyse nach dem potenziellen Umsatz (also zum Beispiel Großkunden, die zurzeit noch bei der Konkurrenz kaufen). Hier sollten Sie sich unbedingt Strategien überlegen, wie Sie die potenziellen A-Kunden (und derzeitigen Noch-nicht-Kunden) für sich gewinnen könnten. Eine weitere, sehr interessante Betrachtung wäre die A-B-C-Analyse nach Deckungsbeitrag bzw. Rendite, soweit Ihr Zahlenmaterial dies hergibt.

Beim Coaching mehrerer Außendienstmitarbeiter lernte ich Oliver H. kennen. Seine Erfolgsstrategie ist die absolut kompromisslose und konsequente Umsetzung der A-B-C-Analyse. So wurde er zu einem der erfolgreichsten Außendienstler in seinem Unternehmen. Ich gab ihm in meinem Vertriebstheaterstück „Tierisch gute Spitzenverkäufer – Lernen von den Besten" den Spitznamen „Der Fuchs", da er mit eingeschränktem Zeitaufwand das Maximale für sich und sein Unternehmen herausholt. Die Art der Umsetzung macht den „Fuchs" sicherlich nicht unbedingt beliebt, aber umso überraschender ist es doch, dass diese Persönlichkeit in der Realität dennoch so erfolgreich ist. Darum sollte jeder für sich überlegen, wie er die A-B-C-Analyse für sich noch effizienter umsetzen kann. Sehen Sie hier

in einer kurzen Videosequenz die Fuchs-Strategie, die Sie sicherlich auch charmanter umsetzen können.

**Die Vorbereitung auf den jeweiligen Kunden**

Vor jedem Gespräch sollten Sie über die aktuelle Auftragslage, evtl. Beschwerden, Probleme bei der Lieferung etc. sowie über den jeweiligen Kundentyp Bescheid wissen und sich eine entsprechende Gesprächsstrategie ausdenken. Diese Gesprächsstrategie sollte immer auf die vorher konkret definierten Ziele ausgerichtet sein (s. Abb. 5.3).

**Abb. 5.3** Das Ziel stets im Visier. (Quelle: Strandperle, Comstock)

## 5.2 Kundenorientierte Gesprächsführung in der Eröffnungsphase

Ziel ist es, möglichst schnell eine gute Beziehung zum Kunden aufzubauen.

Benchmark: Wer kann dies in unserem Team am besten? Was macht er anders als andere?

In dieser Phase haben ein gepflegtes Äußeres, der Händedruck, die Körpersprache, die positive Ausstrahlung, Mimik und Gestik sowie die kundenorientierte verbale Ausdrucksweise eine besonders hohe Bedeutung, da sich der Verkäufer als Person verkauft. Es gilt für den Verkäufer, sein Interesse und seine Zuwendung dem Kunden gegenüber zu signalisieren, um sympathisch wahrgenommen zu wer-

## 5.2 Kundenorientierte Gesprächsführung in der Eröffnungsphase

**Abb. 5.4** Volle Konzentration und Zielfokussierung. (Quelle: Strandperle, Comstock)

den. Den Verkauf zeichnet aus, den „richtigen" Gesprächseinstieg (Aufhänger) zu finden (s. Abb. 5.4).

Als Aufhänger dienen Stichworte

- aus der allgemeinen Situation – Hobbys, Kulturelles, Umfeld- und Marktsituation, Wirtschaft, Umweltsituation, Presse etc.,
- aus der Kundensituation – Personalveränderungen, aktuelle Geschäftssituation, Geburtstag, Familie, Tiere, Bilder etc.,
- aus der „eigenen" Firma – neue Unterlagen, Veröffentlichungen, Serviceleistungen, Aktionen etc.,
- aus der „eigenen" Produktpalette – neues Produkt, Veränderungen, Erfolge, Veröffentlichungen, Referenzen etc.

Es gibt Verkäuferpersönlichkeiten, die den Small Talk perfekt beherrschen und so sehr schnell eine positive Beziehung zu ihrem Gegenüber aufbauen. Eine extreme Form davon sehen Sie in unserem Theaterstück.

Petra H. versteht es geschickt, ihren Charme als „unterhaltsamer Papagei" einzusetzen und den Kunden so für sich zu gewinnen, und dies, obwohl es sicherlich den einen oder anderen auch nervt.

**Pacing**
Besondere Bedeutung kommt dem Pacing zu. Unter Pacing verstehen wir das Anpassen der eigenen Verhaltensweise an die des Kunden. Denn so wie der Kunde sich Ihnen gegenüber verhält, so hält er es für angemessen (sonst würde er sich ja anders verhalten). Also gewinnen Sie seine Sympathie am schnellsten, wenn Sie sich auch so verhalten.

Pacing umfasst:

- Die Stimme mit Lautstärke, Sprechgeschwindigkeit, Tonlage, Amplitude, Wortwahl, Dialekt etc.
- Die Körpersprache mit Händedruck, Mimik, Gestik, Sitzhaltung etc.

Sicherlich ist es schwierig, sich in allem Ihrem Gegenüber anzupassen. Insbesondere dann, wenn seine Sprechweise zum Beispiel viel schneller ist als Ihre. Doch lassen sich Lautstärke und langsameres Reden relativ leicht anpassen. Wichtig ist das vor allem am Anfang, da dies Ihr Gegenüber dann noch sehr aufmerksam registriert.

Jetzt gibt es aber auch Verhaltensweisen des Kunden, die sicherlich nicht verkaufsfördernd sind, z. B. langsam sprechen oder schweigen und gelangweilt mit stoischer Miene herumsitzen. Auch hier sollten Sie sich zuerst einmal anpassen, bevor Sie Ihr Gegenüber zu einem aktiveren, verkaufsförderlichen Verhalten bringen. Die Regel lautet dann: Pacing – Pacing – Leading. So gewinnen Sie die Sympathie des Kunden und schaffen eine angenehme Atmosphäre.

Außerdem sollten Sie die Fähigkeit besitzen, von der Small-Talk-Phase galant und rechtzeitig in die nächste Phase (Bedarfsanalyse) überzuleiten.

Gerade deshalb ist es wichtig, den Gesprächseinstieg gründlich vorzubereiten – den Übergang geistig vorauszuplanen – und nicht in das Gespräch „hineinzustolpern". Viele „Überkontakte" („Freundschaften") machen diese Situation schwierig und plötzlich ist die Gesprächszeit um (dieser Zeitpunkt wird häufig „verschlafen")!

## 5.3 Kundenorientierte Gesprächsführung in der Bedarfsanalysephase

Benchmark: Wer (in unserem Team) versteht es am besten, den Kunden zum Reden zu bringen und alle relevanten Antworten für eine gute, typadäquate Nutzenargumentation zu erhalten? Was zeichnet diese Person aus?

Die Kunst der qualifizierten Bedarfsanalyse erfordert die Fähigkeit, qualifizierte Fragen im richtigen Moment zu stellen. Nur über qualifizierte Fragen erhalten Sie alle wichtigen Informationen über den Kunden und seinen Bedarf.

Neben der richtigen Fragetechnik kommt es auf Ihre Fähigkeit des aufmerksamen und genauen Hinhörens an, um die gewonnenen Informationen für eine erfolgreiche Argumentationsführung nutzen zu können (s. Abb. 5.5).

- **Fragen**: Über Fragen werden Meinungen und Informationen eingeholt und Kundenmotive erkannt – deshalb immer zuerst fragen!
- **Hinhören (aktives)**: Ist notwendige Voraussetzung für die Analyse der Informationen und für die Auswahl der Argumente – hören Sie also aufmerksam und genau hin!
- **Argumentieren**: Wirkt erst überzeugend, wenn das Motiv und die Nutzenvorstellung des Partners berücksichtigt wird („Was will der Kunde?" bzw. „Was hat er davon?"), deshalb: Prüfen Sie erst die Überzeugungskraft eines Arguments, bevor Sie es anwenden.

**Abb. 5.5** Miteinander reden und gut hinhören. (Quelle: eigenes Foto, Fensterbild Stadion: Elenathewise, Fotolia)

## 5.3.1 Vorteile durch Fragen

Ein Verkaufsgespräch mit Fragen zum Bedarf, zur Problemstellung des Kunden bzw. zu seinen Wünschen zu beginnen, erscheint nahezu trivial. Dennoch verzichten viele im Vertrieb darauf, weil sie glauben, schon alles zu wissen, wenn sie ein bestimmtes Produkt anbieten und verkaufen wollen. Damit laufen sie aber Gefahr, die Interessen des Kunden unberücksichtigt zu lassen, und provozieren Widerstände.

Die Vorteile des Fragens sind:

- Wir gewinnen sehr viele Informationen.
- Wer fragt, der führt! Das heißt, der Fragende bestimmt die Gesprächsrichtung und kann somit auf das Verkaufsziel hinlenken und ein Abschweifen verhindern.
- Über Fragen können auch Informationen und Meinungen weitergegeben und somit konfliktfrei gesteuert werden.
- Behauptungen, Vermutungen und Unterstellungen lassen sich dadurch vermeiden. Die Abwehrhaltung wird beim Partner abgebaut, er bleibt offen und bereit, darüber nachzudenken und weiterzusprechen.
- Durch Fragen legen wir uns nicht so schnell fest.
- Mit gezielten Fragen qualifizieren Sie sich beim Kunden.
- Durch Fragen kann Zeit gewonnen werden, weil weniger Widerstände aufkommen, die erst gar nicht entkräftet werden müssen!

▶ Kunden wollen, dass wir **mit** ihnen, nicht **zu** ihnen, reden!

## 5.3.2 Fragearten

Wir unterscheiden die folgenden drei Fragearten (s. Abb. 5.6):

1. Informationsfragen
   - Offene Fragen
   - Geschlossene Fragen
   - Bestätigungsfragen

2. Taktische Fragen
   - Alternativfragen
   - Stimulierungsfragen
   - Isolationsfragen
   - Indirekte Fragen
   - Kontrollfragen

## 5.3 Kundenorientierte Gesprächsführung in der Bedarfsanalysephase

3. Problematische Fragen
   - Suggestivfragen
   - Rhetorische Fragen
   - Kettenfragen
   - Erniedrigende Fragen

Um einen Kunden zum Reden zu bringen, eignen sich am besten „motivierende", offene Fragen. Motivierend heißt, dass der Kunde die Fragen gerne beantwortet.

### Informationsfragen

**a) Offene Fragen**

*Merkmal*:

Informationsfragen sollten überwiegend offene Fragen sein, sodass der Kunde selbst bestimmen kann, wie intensiv er die Frage beantworten will. Er wird zum Reden aufgefordert. Offene Fragen beginnen mit einem Fragewort, z. B.: Weshalb? Wie? Wodurch? Was? Welche?

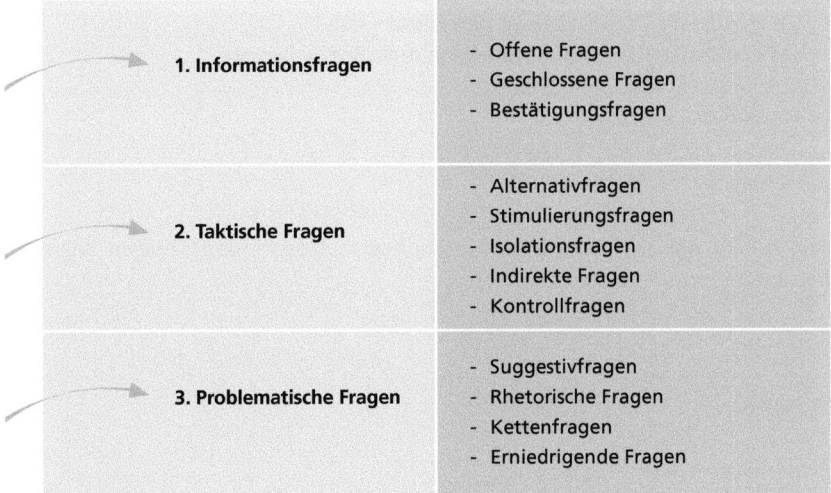

Um einen Kunden zum Reden zu bringen, eignen sich am besten „motivierende", offene Fragen. Motivierend heißt, dass man sie gerne beantwortet.

**Abb. 5.6** Drei verschiedene Fragegruppen. (Quelle: eigene Darstellung)

*Chancen:*

Sie können

- Sachinformationen erhalten,
- den Dialog fördern, denn der Kunde wird indirekt gezwungen, etwas zu sagen,
- Meinungen herausfinden,
- die freie Meinungsäußerung fördern,
- Wünsche herausfinden.

*Risiken:*

Die Antworten

- sind schwierig zu steuern,
- können ausufern und abschweifen.

*Beispiele:*

- „Was hat Ihnen an dieser Präsentation besonders gut gefallen?"
- „Was ist Ihnen am wichtigsten?"
- „Weshalb würden Sie sich für dies entscheiden?"
- „Wie schaffen Sie es, Ihre Kunden zum Reden zu bringen?"

**b) Geschlossene Fragen**

*Merkmale:*

Sie werden mit „Ja" oder „Nein" beantwortet. Geschlossene Fragen beginnen meist mit einem Verb oder Hilfsverb.

*Chancen:*

Sie können

- das Gespräch straff führen,
- den Partner konkret festlegen,
- den Sachverhalt kurz klären,
- Zeit sparen.

## 5.3 Kundenorientierte Gesprächsführung in der Bedarfsanalysephase

*Risiken*:

- Es werden nur meine konkreten Spuren verfolgt.
- Verhörcharakter kommt auf.
- Alternativen werden außer Acht gelassen.
- Sie hemmen den Dialog.
- Sie lassen keine freien Äußerungen zu.
- Sie sind stressig für den Fragenden.

*Beispiele*:

- „Haben Sie daran Interesse?"
- „Konnte ich Sie mit dieser Argumentation überzeugen?"
- „Machen Sie mit?"
- „Wollen Sie die Konditionen schriftlich?"

**c) Bestätigungsfragen**

*Merkmale*:

Sie dienen der Absicherung, dass Sie den Kunden richtig verstanden haben.

*Chancen*:

Sie können

- Standpunkte eindeutig abklären,
- schnell Klarheit schaffen,
- den Partner veranlassen, sich festzulegen,
- gemeinsam Erarbeitetes verstärken.

*Risiken*:

- Die Antworten können als Kontrolle verstanden werden.

*Beispiele*:

- „Konnte ich Sie in diesem Punkt jetzt überzeugen?"
- „Sind Sie mit dieser Vereinbarung so einverstanden?"
- „Wollen wir zukünftig so verfahren?"
- „Wenn ich Sie richtig verstanden habe, meinten Sie ...?"

**Taktische Fragen**

**a) Alternativfragen**

Die Alternativfrage lässt nur zwei Möglichkeiten der Antwort zu. Sie enthält immer das Wort „oder" und wandelt die Ja-Nein-Entscheidung in eine Entscheidung für eine von zwei positiven Alternativen um. Dadurch kann allerdings die Angebotsvielfalt auch unsinnig reduziert werden, wenn diese Frage zu früh gestellt wird. Gut geeignet für Terminabsprachen und in der Abschlussphase, weil es indirekt dem Kunden suggeriert, dass er nur die Wahl zwischen den zwei Möglichkeiten hat.

*Beispiele*:

- „Finden Sie das Angebot A oder B interessanter?"
- „Haben Sie am Mittwoch um 9 Uhr oder am Donnerstag um 14 Uhr für mich Zeit?"
- „Wollen Sie 100 oder 200 Einheiten?"
- „Bevorzugen Sie A oder B?"

**b) Stimulierungsfragen**

Sie enthalten ein Lob für den Kunden und sollten sich immer auf Dinge beziehen, die dieser zu verantworten hat. Das Gesprächsklima wird positiv beeinflusst. Sind sie unangemessen, so klingen sie übertrieben oder ironisch!

*Beispiele*:

- „Was sagen Sie mit Ihrer langjährigen Erfahrung dazu?"
- „Wie schaffen Sie es, über Jahre Marktführer zu bleiben?"
- „Womit konnten Sie Herrn Maier für sich gewinnen?"

**c) Isolationsfragen**

Bei komplexen Gesprächsinhalten wird ein Themenbereich herausgegriffen und vorrangig bearbeitet. Auch verwendbar, wenn der Eindruck besteht, dass es nur noch diesen einen entscheidenden Einwand gibt. Der Kunde kann diese Frageform – vor allem, wenn sie zu früh gestellt wird – als Ausweichmanöver oder Trick empfinden.

*Beispiele*:

- „Wenn ich Sie in diesem Punkt überzeugen kann, würden Sie dann unser Produkt A für eine Sonderaktion wählen?" (Vorteil: schnelle Erkenntnis, ob mit Einwänden oder Vorwänden agiert wird!)
- „Ist das der einzige Grund, der Sie zögern lässt?"

**d) Indirekte Fragen**

Diese Frageform hinterfragt auch solche Informationen, die nicht direkt erfragt werden können (Tabuthemen). Die Antworten enthalten also Haupt- und Nebeninformationen. Durchschaut der Kunde die Absicht, so kann die Vertrauensebene gestört werden.

*Beispiele:*

- „Wie hat Ihnen das Referat von Herrn A auf der Tagung X gefallen?" (Hintergrundfrage: War er überhaupt auf der Tagung X?)
- „Welche Informationen aus dem Prospekt waren für Sie von besonderem Interesse?" (Hintergrundfrage: Hat er sie überhaupt gelesen?)
- „Was halten Sie von dem Wettbewerberprodukt XY?" (Hintergrundfrage: Steht mein Kollege noch hinter unserem Produkt?)

**e) Kontrollfragen**

Sie dienen der Überprüfung von Meinungen, Wissensstand, Motiven und Entscheidungen des Kunden. Der Gesprächspartner kann sich überwacht fühlen (s. Abb. 5.7).

**Abb. 5.7** Geschäftspartner im Gespräch. (Quelle: deanm 1974, Fotolia)

*Beispiele:*

- „Inwieweit haben Sie schon mit dieser Werbeform gearbeitet?"
- „Wann konkret gab es diese Beanstandungen und von wem?"
- „Wer hat das so behauptet?"
- „Haben Sie dies letzte Woche nicht genau so bei unserer Tagung gesagt?"

**Problematische Fragen**

Sie fragen sich vielleicht, warum wir solche Fragearten überhaupt behandeln. Der Grund ist ganz einfach: Weil es immer wieder passiert, dass solche Fragen gestellt werden. Wichtig ist es, den Anteil solcher Fragearten möglichst gering zu halten.

**a) Suggestivfragen**

Der Fragesteller ist an der Meinung des Kunden nicht wirklich interessiert, sondern möchte seine Meinung dem Kunden einreden. Wird dies vom Gesprächspartner erkannt, so fühlt er sich unterdrückt und manipuliert. Diese Frageform lässt keinen Widerspruch zu. Sie wirkt bei unsicheren Kunden zwingend, löst aber bei selbstbewussteren Kunden schnell Widerstand gegen diesen Fragestil aus.

*Beispiele*:

- „Sie sind doch auch der Meinung, dass es erstrebenswert ist, noch mehr Umsatz zu machen?"
- „Sicherlich ist es auch Ihr Bestreben, Ihre Kunden zufriedenzustellen?"
- „Sie wollen doch auch zu den Besten gehören, oder?"

**b) Rhetorische Fragen**

Auch hier ist der Fragesteller an der Meinung des Kunden nicht wirklich interessiert, sondern möchte seine Meinung dem Kunden einflößen. Der Fragesteller möchte etwas bekräftigen, herausstellen, eine Diskussion unterdrücken und „geschickt" manipulieren. Dies löst beim Kunden Ärger oder Unsicherheit aus, da er nicht weiß, ob er antworten soll. Er fühlt sich bei häufigem Gebrauch ausgeklammert und gelangweilt und der Fragesteller kann überheblich wirken.

*Beispiele*:

- „Wollen Sie sich diese einmalige Chance entgehen lassen?"
- „Ich biete Ihnen einen Preis, der drei Prozent unter dem der anderen Wettbewerber liegt. Ist das etwa gar nichts?"
- „Eine gute Qualität zu einem guten Preis ist doch positiv, oder?"

**c) Kettenfragen**

Darunter verstehen wir die Aneinanderreihung mehrerer Fragen. Meist werden sie verwendet, wenn dem Fragesteller noch weitere Fragen einfallen und sollen der Vertiefung dienen. Solche Kaskaden sind für den Kunden verwirrend. Sie zeigen, dass Sie sich nicht genügend vorbereitet haben, und erschweren dem Kunden, Ihren Absichten zu folgen.

*Beispiele*:

- „Was halten Sie von meinem Vorschlag? Sind Sie damit einverstanden oder sehen Sie eine Alternative dazu? Wie könnten wir diesen Vorschlag schnellstens umsetzen, ohne dass Ihr Kollege sich ausgeklammert fühlt?"
- „Wen schlagen Sie für das Projekt vor? Herrn Maier oder Frau Müller? Oder sollen wir noch eine andere Abteilung einbinden?"

*Anmerkung*: Solche Kettenfragen kommen im Alltag oft vor, da die „Schweigephase" nach einer Frage nicht ausgehalten wird; die Situation wird dann für den Verkäufer unangenehm und er stellt die nächste Frage.

**d) Erniedrigende Fragen**

Beabsichtigt oder unbeabsichtigt erschweren sie nur den weiteren Gesprächsverlauf. Entscheidend ist nicht, wie es gemeint ist, sondern wie es beim anderen ankommt. Deshalb ist es wichtig, die empfindlichen Stellen des Gesprächspartners zu kennen.

*Beispiele*:

- „Und was schlagen Sie als Oberwisser vor?"
- „Konnten Sie sich diesmal den Termin freihalten?"
- „Haben Sie mich jetzt verstanden?"

### 5.3.3 Sieben Regeln zur Fragetechnik

1. Stellen Sie immer nur eine Frage auf einmal!
2. Vermeiden Sie Kettenfragen, denn mehr als zwei Fragen können sich nur wenige merken. Wenn zwei Fragen in einem engen Zusammenhang stehen, ist dies jedoch noch akzeptabel und hat den Vorteil, dass der Gesprächsfluss anhält.
3. Fassen Sie sich kurz und formulieren Sie unkompliziert! (Bei langen Fragen wird oft ein Teil vergessen oder missverstanden, was mit verschnörkelten Formulierungen oder doppelten Verneinungen noch verstärkt wird.)
4. Bereiten Sie wichtige Fragen vor! (So stellen Sie sicher, dass die wesentlichen Punkte besprochen werden und der Kunde dies nachvollziehen kann [Frageliste].)
5. Verwenden Sie eindeutige Formulierungen, wenn Sie eindeutige Antworten wollen!
6. Vermeiden Sie Formulierungen wie: „früher", „häufig", „ziemlich", „irgendwo", „oft" oder „viele", „eigentlich".
7. Hören Sie aufmerksam und genau zu! Schweigen Sie nach einer Frage – auch wenn es schwierig auszuhalten ist.

▶ Gutes Zuhören erspart Ihnen manche weitere Frage!

**Ganz wichtig:** Erarbeiten Sie sich einen guten Fragenkatalog mit mindestens fünf bis sieben Fragen, die stets

- offen formuliert,
- motivierend gestellt (das heißt, dem Kunden macht es Spaß, diese zu beantworten, weil er damit zum Beispiel seine Kompetenz zeigen kann), und
- zielführend, das heißt auf das Sortiment, den Abschluss, ausgerichtet (Nutzenargumente sammeln) sind.

---

**Beispiel**

Hier ein Auszug aus einem Fragenkatalog für den B2B-Bereich:
- Worauf legen Sie besonderen Wert bei
    - der Aufnahme neuer Lieferanten?
    - der Zusammenarbeit mit unserer Firma?
    - der Zusammenarbeit mit mir?
    - der Auswahl neuer Modelle?
    - der Warenpräsentation?

- Welche Kundengruppen wollen Sie ansprechen?
- Welche Aktionen/Werbemaßnahmen planen Sie noch in diesem Jahr?
- Welche POS-Maßnahmen kommen hier bei Ihren Kunden gut an?
- Wie sieht Ihre Planung im Bereich XY aus?
- Worin liegt der Schlüssel Ihres Erfolgs?
- Welche Verkaufspreislagen bringen Ihnen die beste Rendite/den höchsten Warenumschlag im Bereich…?
- Wie sind Sie mit unserer Zusammenarbeit zufrieden? Was gefällt Ihnen besonders gut? Was könnten wir noch verbessern?

Dieser Fragenkatalog ist keinesfalls vollständig und muss immer auf den jeweiligen Kundentyp, die Branche und die jeweilige Situation abgestimmt werden. Bitte vervollständigen Sie Ihren persönlichen Fragenkatalog. Bei rot- und gelb-dominanten Kunden werden Sie nur wenige Fragen in einem Gespräch stellen können, da diese schnell ungeduldig werden. Vielleicht können Sie im Fachbereich vorab schon einige Fragen klären. Sie fragen nicht am Stück, sondern in Etappen oder Sie klären aufschiebbare Fragen im nächsten Gespräch. Dies müssen Sie von der jeweiligen Gesprächssituation abhängig machen. Aber eine erfolgreiche Nutzenargumentation bei Ihrer Produktpräsentation können Sie immer erst nach einer qualifizierten Bedarfsanalyse machen.

## 5.4 Kundenorientierte Gesprächsführung in der Angebotsphase

Benchmark: Wer versteht es (in unserem Team) am besten, eine gute, typadäquate Nutzenpräsentation zu machen? Was zeichnet ihn aus (s. Abb. 5.8)?

**Abb. 5.8** Argumente austauschen (2). (Quelle: Strandperle, Comstock)

## 5.4.1 Die Produktpräsentation mit Nutzendarstellung

**Die vier „Verständlichmacher" in der Argumentation**
1. **Einfachheit**: kurze Sätze formulieren, bekannte Wörter verwenden und Fachausdrücke erklären; anschaulich darstellen.
2. **Kürze und Prägnanz**: das Wesentliche kurz und bündig darstellen, viele Informationen mit wenigen Worten anbieten.
3. **Gliederung und Ordnung**: Informationen in sinnvoller Reihenfolge anbieten, wichtige Punkte hervorheben (Pausen, Lautstärke), zusammenfassen und Querverbindungen verdeutlichen.
4. **Zusätzliche Stimulanzien**: für jeden Sachverhalt Beispiele aus der Welt des Kunden nennen. Visualisieren und vorführen ist deutlich einprägsamer als verbal erklären.

**Aufbau meiner Argumentation**
Am Anfang steht die Idee, irgendetwas Neues zu entwickeln. Mit dieser Idee verfolgt der Entwickler, das Produkt wirtschaftlicher, sicherer, schneller, schöner, prestigeträchtiger etc. zu machen. Wenn das neue Produkt entwickelt ist, weist dieses Produkt irgendwelche Eigenschaften und Merkmale auf.

Aus den Merkmalen und Produkteigenschaften ergeben sich die verschiedenen objektiven Vorteile und Nachteile. Aber nicht jeder Vorteil ist ein Nutzen für den Kunden, da der Kunde nicht auf alle Vorteile unbedingt wert legt. Ein Nutzen oder Mehrwert ergibt sich für den Kunden also nur dann, wenn dieser Vorteil für ihn auch wichtige Konsequenz hat. Als Verkäufer müssen Sie in der Bedarfsanalyse also erfragen, auf welche Produkteigenschaften er wert legt, denn nur dann können Sie hier eine gute Nutzen-/Mehrwertargumentation aufbauen.

*Eigenschaft oder Merkmal*

- Wie ist es beschaffen? Technisch, optisch, wirtschaftlich, ökologisch etc.?

*Vorteil*

- Was kann es?
- Was kann es objektiv besser?

*Nutzen oder Mehrwert*

- Welche objektiven Vorteile des Produktes sind dem Kunden wichtig und wofür kann er das brauchen?

## 5.4 Kundenorientierte Gesprächsführung in der Angebotsphase

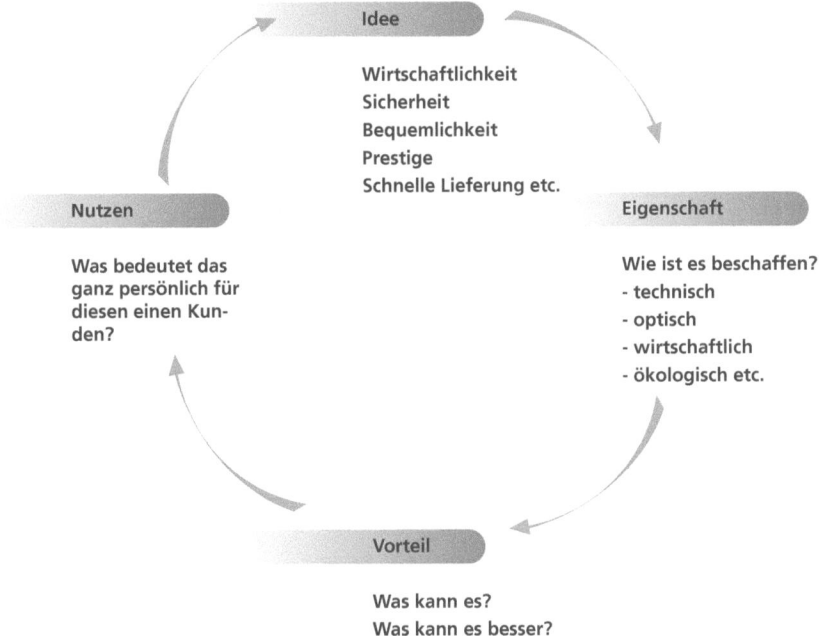

**Abb 5.9** Argumentations-Regelkreis. (Quelle: Eigene Darstellung)

Vorteil und Nutzen sind also nicht identisch. So ist z. B. bei einem PKW eine höhere Endgeschwindigkeit ein Vorteil. Der Nutzen, der sich daraus ergeben kann, ist eine kürzere Reisezeit oder die Möglichkeit länger zu schlafen oder mehr Sicherheit beim Überholvorgang. Leider sprechen die meisten Verkäufer nur über Vorteile und machen sich nicht die Mühe, auf den Kundennutzen einzugehen (s. Abb. 5.9).

Die Argumentationsregel lautet also stets:

1. Merkmal → 2. Vorteil → 3. Nutzen

Erläutern Sie *kurz* die Merkmale/Produkteigenschaften (nur bei Blau-Dominanten darf dies etwas ausführlicher erfolgen) und leiten Sie damit kurz die Vorteile ab und zeigen Sie dem Kunden dann, welchen Mehrwert er dadurch erhält. Diese Mehrwertargumente ermöglichen es Ihnen unter Umständen, einen höheren Preis gegenüber einem Mitbewerberprodukt durchzusetzen. Eine gute Nutzenargumentation zeichnet einen Top-Verkäufer aus (s. Abb. 5.10).

**Abb. 5.10** Mit der Nutzensprache auf den Gipfel. (Quelle: Strandperle, Comstock)

**Beispiel: Pkw mit einem höher verdichteten Motor**

Idee: Mehr Leistung aus den vorhandenen Motoren zu erzielen.

Eigenschaft: Der Einsatz neuer Materialien (Gehäuse und Dichtungen) ermöglichte es, unter Hinzuziehung von Turboladern und Kompressoren, das Gas-Verbrennungsgemisch im Zylinder eines Motors höher zu verdichten und so mehr Leistung herauszuholen.

Vorteil: Sie erreichen damit:
- Mehr Leistung
- Bessere Beschleunigungswerte
- Höhere Endgeschwindigkeit
- Weniger $CO_2$-Ausstoß

## 5.4 Kundenorientierte Gesprächsführung in der Angebotsphase

Nutzen: Das heißt für Sie:
- Sie können zügiger Überholen und haben mehr Spaß beim Fahren (für den Rot- und Gelb-Dominanten).
- Sie haben Leistungsreserven beim Überholvorgang und können einen möglichen Zusammenstoß verhindern (für Rot-, Blau- und Grün-Dominante).
- Sie kommen schneller von A nach B und können länger ausschlafen. (für Rot-, Blau- und Gelb-Dominante).
- Sie können nun auch bei höheren Geschwindigkeiten die größere Laufruhe genießen, da der Motor nicht an der Leistungsgrenze fährt.
- Sie fahren umweltfreundlicher (vorwiegend Blau- und Grün-Dominante).

**Wiederholen und Zusammenfassen in der Argumentationsphase**
*Vorteile des Wiederholens*

- Zeigt uns, ob wir alles verstanden haben
- Zeigt uns, ob uns dasselbe wie unserem Kunden wichtig ist
- Zeigt uns, ob wir aufmerksam und genau zugehört haben
- Verhindert häufig unnötige Wiederholungen des Kunden

Kleinere Gesprächsabschnitte wiederholen, um den roten Faden zu wahren und den Gesamtzusammenhang zu überblicken.

*Mögliche Formulierungen*

- „Sie meinen also ..."
- „Wenn ich Sie richtig verstanden habe ..."

*Vorteile des Zusammenfassens*

- Größere Gesprächsabschnitte werden besser gegliedert.
- So vermeiden Sie Endlosargumentationen, die sich im Kreis drehen.
- Klarheit und Übersichtlichkeit bleiben erhalten.
- Sie können das Gespräch damit in die gewünschte Richtung lenken.
- Es ist eine gute Möglichkeit, zum Abschluss zu kommen.

*Voraussetzungen für erfolgreiches Argumentieren*

- Basisinformationen über den Kunden vorhanden (gute Vorbereitung)
- Gutes Fachwissen
- Einsatzprofile und Bedarf aufzeigen und erläutern lassen

- Aufmerksames und genaues Hinhören
- Aktives Hinhören durch gezielte Fragen
- Kundenmotivation erkennen

## 5.4.2 Methodik der Einwandbehandlung

Benchmark: Wer (in unserem Team) kann mit den Einwänden der verschiedenen Kundentypen am besten umgehen? Was zeichnet diese Verkäufer aus? Inwiefern hängt dies vom jeweiligen Kundentyp ab?

### 5.4.2.1 Ursachen von Einwänden

Ganz allgemein und insbesondere im Zeitalter der industriellen Fertigung bietet jedes Angebot für den Kunden Vor- und Nachteile. Will der Kunde etwas kaufen, so muss er sich bei jedem Angebot auf einen bestimmten Kompromiss einlassen. Dieses Abwägen von Vor- und Nachteilen führt zwangsläufig zu Einwänden.

Insofern sind Einwände etwas Positives, weil sie zeigen, dass der Kunde sich mit dem Produkt auseinandersetzt und ein ernsthaftes Kaufinteresse hat. Und weil sie uns Außendienstmitarbeitern die Chance geben, den Kunden zu beraten, das heißt, dem Kunden den Nutzen (seinen individuellen Vorteil) des Produktes zu erläutern und zu „verkaufen".

▶ Kein Verkaufsgespräch ohne Einwände. Einwände im Verkaufsgespräch sind für uns das Salz in der Suppe, denn sonst wären wir keine Verkäufer, sondern nur noch „Auftragsnotierer" oder „Verteiler".

Die Ursache für Einwände kann in der Sache (Produkt, Argumentationsmaterial) oder in der Person (Kunde und/oder Verkäufer) begründet sein.

Einwände in der Sache kommen zum Beispiel von selbst gemachten schlechten Erfahrungen mit dem Produkt oder von schlechten Erfahrungen eines Bekannten mit dem Produkt. Sie können aber auch im Halbwissen oder gar in der Unkenntnis des Kunden (keine ausreichenden Informationen) begründet sein und in Form von Vorurteilen auftreten. Grundsätzlich sollte Einwänden dieser Art mit ruhiger, sachlicher Argumentation und Fragetechnik begegnet werden.

Einwände, begründet in der Person des Kunden, können sein:

- Der Geltungstrieb des Kunden – er möchte zum Beispiel als Fachmann erkannt werden und mit seinen Fragen zeigen, dass er sehr wohl die kritischen Punkte des Produktes erkennt.

## 5.4 Kundenorientierte Gesprächsführung in der Angebotsphase

- Das Sicherheitsbedürfnis des Kunden entspringt seiner Wertvorstellung, seiner Persönlichkeitsstruktur; es ist grundsätzlich zu akzeptieren, Diskussionen verärgern den Kunden nur.
- Das Bequemlichkeitsprinzip: „Es geht doch alles gut." „Ich habe keine Probleme." Der Außendienstmitarbeiter kostet den Kunden Zeit und stört. Kann ein Vorwand oder ein ernster Einwand sein.
- Das Misstrauen des Kunden tritt oft in Kombination mit Geltungs- und Sicherheitsbedürfnis des Kunden auf und führt zum Test des Verkäufers. Speziell der rot-dominante Kunde glaubt oft, nur so den wirklich besten Preis zu erhalten. Und der blau-dominante Kunde testet, wie kompetent der Außendienstmitarbeiter ist und ob er seinen Einwand entkräften kann (speziell bei Erstkontakten).

Einwände in der Person des Außendienstmitarbeiters liegend sind sogenannte projektive Einwände. Ein alter Spruch besagt: Der Außendienstmitarbeiter muss zu der Verkaufsware stehen können, nur dann kann er überzeugen. Wenn der Außendienstmitarbeiter selbst Zweifel an seinem Produkt hat, so besteht die große Gefahr, dass er diese (vermutlichen) Schwachstellen in das Verkaufsgespräch hinein „projiziert". Seinen eigenen Einwand gegenüber seinem Angebot macht er zu einem „pseudoobjektiven" Kundeneinwand (z. B. Produkt ist zu teuer). Damit gibt er dem Kunden zu verstehen, dass er recht hat, und „befreit" ihn vom Kauf!

### 5.4.2.2 Einwandarten, ihre Funktionen und ihre Behandlung

Wir unterscheiden folgende Einwandarten beim Kunden:

- Sachliche Einwände sind Einwände mit der versteckten Bitte um mehr Informationen. Damit haben Sie die Chance, vom Kunden die Schwachstellen in Ihrer bisherigen Argumentation zu erfahren. Richten Sie Ihre Nutzenargumentation darauf aus.
- Einwände als Selbstdarstellung sind Einwände, die der Kunde aufgrund seines Geltungsbedürfnisses bringt. Bei sehr fachkompetenten und im Gespräch stark dominierenden Außendienstmitarbeitern kommt diese Art von Einwänden häufiger vor (insbesondere, wenn der Kunde selbst eine dominante Persönlichkeit ist). Argumentieren Sie weniger und stellen Sie mehr Fragen. Fragen Sie ihn nach seiner Meinung. Hören Sie zu und ziehen Sie Ihren Nutzen für Ihre folgende Argumentation. Knüpfen Sie an gemeinsamen Einschätzungen an, geben Sie dem Kunden mehr Anerkennung und weniger Belehrung bzw. konfrontieren Sie ihn nicht in seiner Argumentation.
- Einwände zu Beginn sind meist unkonkret und stellen Eröffnungswiderstände dar. Gehen Sie zu diesem Zeitpunkt nicht darauf ein. Versuchen Sie, den Einwand zurückzustellen.

- Einwände kurz vor Vertragsabschluss stellen meist Abschlusswiderstände dar. Der Kunde schreckt vor der anstehenden Entscheidung nochmals zurück. Diese Einwände sind selten ernst gemeint und drücken mehr die Angst vor einer Fehlentscheidung aus. Sie erkennen dies meist daran, dass der Kunde keine neuen, sondern Wiederholungseinwände bringt. Bleiben Sie ruhig und gelassen, wiederholen Sie Ihre Nutzenargumentation, kommen Sie zum Abschluss und bestärken Sie seine Entscheidung. Es könnte sich aber auch um eine rein taktische Maßnahme zur Preisreduzierung (s. Kap. 3.3.3) oder um einen Vorwand handeln.
- Vorwände sind vorgetäuschte, unechte Einwände, die sich nicht ausräumen lassen. Der Kunde baut eine Mauer auf, indem er pauschale Zurückweisung äußert. Der Verkäufer läuft mit seinem Angebot im wahrsten Sinne des Wortes „gegen die Wand". Ein Vorwand ist meistens pauschal und wird auch so formuliert. Erfahrungsgemäß kommt ein Vorwand meist unmittelbar nach der Gesprächseröffnung. Erkennen Sie einen Vorwand, so ignorieren Sie diesen oder stellen Sie diesen „Einwand" zurück (in der Hoffnung, dass er nicht mehr darauf zurückkommt). Fahren Sie mit Fragen und aktivem Hinhören fort.
- Vorurteile sind vorgefasste, meist falsche Meinungen. Argumentieren Sie nicht dagegen, sondern lassen Sie dem Kunden seine Gefühle. Arbeiten Sie mit Fragen und aktivem Hinhören und zeigen Sie ihm den Nutzen Ihrer Produkte auf. Gehen Sie dabei vor allem auf emotionale Argumente ein, da logische Argumente oft nicht akzeptiert werden.

Der „rot-dominante Kunde" liebt den Wettkampf und den Schlagabtausch mit „Gleichwertigen", wobei er natürlich trotzdem als „Sieger" hervorgehen will. Deshalb imponiert es ihm, wenn der Verkäufer schlagfertig ist und dagegen hält. Ein gutes Beispiel dafür ist der „durchsetzungsfähige Wolf" (s. Video/QR-Code),

weshalb dieser gerade bei „rot-dominanten Kunden" schnell zum Abschluss kommt, wenn er dem Kunden „scheinbar den Sieg" lässt.

### 5.4.2.3 Verschiedene Methoden der Einwandbehandlung

Von den Praktikern wurden eine Vielzahl von Techniken bzw. Methoden der Einwandbehandlung entwickelt. Leider gibt es nicht die eine Methode der Einwand-

## 5.4 Kundenorientierte Gesprächsführung in der Angebotsphase

behandlung, sondern wir müssen bzw. können aus der Vielzahl der Möglichkeiten die auswählen, die für diese Situation und diesen Kunden am besten passt und die uns als Außendienstmitarbeiter gut liegt. Wir haben in einer bestimmten Situation also immer mehrere erfolgreiche Möglichkeiten zur Auswahl.

Im Folgenden eine Übersicht über die bekanntesten Methoden der Einwandbehandlung mit kurzen Beispielen (jeweils bezogen auf den Kundeneinwand: „Ihre Produkte sind mir zu teuer!"):

1. *Ja-und- oder Ja-obwohl-Methode (bekannt als Ja-aber-Methode)*
   Der Bestätigung folgt eine Kundennutzenargumentation. Dies ist die wohl bekannteste Methodik, weshalb viele Kunden auf diese Formulierung „allergisch" reagieren. Sprachlich besser ist deshalb: „Ja, und…" oder „Da haben Sie recht, obwohl…" (bedingte Zustimmung). Diese nimmt dem Einwand die Schärfe und wertet den Kunden auf (in Form der Ja-und-Methode für jeden Farbtyp geeignet).
   Beispiel: „Ja, Qualität hat seinen Preis, und (aber) sicherlich legen auch Sie gerade auf Qualität einen großen Wert".
2. *Plus-Minus-Methode*
   Den Einwand als solchen anerkennen und ihm möglichst viele Vorteile für den Kunden gegenüberstellen bzw. den weiteren Nutzen aufzeigen (nur für blaudominante Kunden).
   Beispiel: „Für unser Produkt spricht zum Beispiel das hohe Ansehen im Markt, die ausgezeichnete Verarbeitungsqualität … gegen unser Produkt spricht zum Beispiel der etwas höhere Preis…"
3. *Sandwich-Methode*
   Der Einwand wird zwischen zwei positive Nutzenargumente gepackt (für jeden Farbtyp geeignet).
   Beispiel: „Unser Produkt ist sehr einfach zu handhaben. Dies hat sicherlich seinen Preis, dafür erhalten Sie aber auch interessante Serviceleistungen".
4. *Divisions-Methode*
   Der Preis wird relativiert, indem er in Bezug zur Zeit, zur Menge etc. gesetzt wird (speziell für blau-dominante Kunden geeignet).
   Beispiel: „Sicherlich hat unser Produkt seinen Preis, doch wenn Sie es auf den Tag runterrechnen, so liegen die Tageskosten bei nur XY".
5. *Analogie-Methode*
   Sie gehen auf einen Bereich ein, bei dem der Kunde nach anderen Kriterien entschieden hat. Besonders erfolgreich ist diese Methode, wenn sie aus der Erlebniswelt des Kunden kommt (gute Methode bei rot- und gelb-dominanten Kunden).
   Beispiel: „Was nützt einem billiger Wein, wenn er niemandem schmeckt!"

6. *Frage-Methode*
   Durch geschicktes Fragen lassen sich Einwände entkräften. Das Gegeneinander in der Diskussion wird zu einem Miteinander (für jeden Farbtyp geeignet).
   Beispiel: „Womit konkret vergleichen Sie uns?"
7. *Spiegelfrage-Methode*
   Wenn Sie den Eindruck haben, dass der Kunde mit seiner Aussage übertreibt, wiederholen Sie die Aussage – ohne Aggressivität – mit leichter Verwunderung in fragendem Ton. Oder Sie schweigen ganz einfach mit fragendem, verwundertem Blick. (Speziell für den rot-dominanten Kunden geeignet).
   Beispiel: „Zu teuer...?"
8. *Isolations-Methode*
   Mit dieser Methode wird eindeutig geklärt, ob dies der einzige Einwand ist (bei Nein zuerst die anderen Einwände entschärfen). Kommt der Kunde auf diesen Punkt nicht mehr zurück, war es nur ein Vorwand. Wenn es der einzige Punkt ist, dann ist eine Lösung auszuhandeln. (Da der rot-dominante Kunde den Vorwand gerne aus taktischen Gründen nennt, ist diese Methode speziell bei diesem hilfreich).
   Beispiel: „Ist das der einzige Grund, der Sie zögern lässt, Herr Maier? Das heißt: Wenn wir uns im Preis einig werden, nehmen Sie es dann? Hier und jetzt?"
9. *Bauchpinsel-Methode*
   Den Gesprächspartner loben und das Augenmerk des Kunden etwas umlenken. (Mit Ausnahme des blau-dominanten Kunden für die restlichen Farbtypen geeignet).
   Beispiel: „Gerade Sie als erfahrener Spezialist in Sachen XY wissen doch auch, dass die Handhabung des Produktes einen großen Einfluss auf die Akzeptanz Ihrer Kunden hat".
10. *Referenz-Methode*
    Sie erläutern, dass dieses Thema/diese Problematik anfangs bei einem anderen Kunden (am besten bei einem bekannten und geschätzten Mitbewerber) auch Gesprächsinhalt war. (Für blau- und grün-dominante Kunden geeignet).
    Beispiel: „Mit Ihren Bedenken stehen Sie nicht allein, auch Ihr Mitbewerber XY hatte sie in unserem ersten Gespräch. Nachdem ich dort aber unser Produkt vorführte, waren seine Bedenken uneingeschränkt beseitigt. Sie können sich gerne beim Kollegen erkundigen".

Sie haben jetzt zehn Methoden der Einwandbehandlung kennengelernt. Diese kann sich natürlich keiner alle merken und das sollen Sie auch gar nicht!

Notieren Sie sich zuerst, welche Methoden Sie am häufigsten einsetzen. Meist ist dabei die Ja-aber-Methode und darum ist diese Methode auch so „verbraucht". Viele Kunden reagieren darauf allergisch.

## 5.4 Kundenorientierte Gesprächsführung in der Angebotsphase

Aus diesem Grund ist es wichtig, auch andere Methoden zur Verfügung zu haben. Notieren Sie sich die Methoden, die Sie beim Durchlesen positiv angesprochen haben und die Sie nicht häufig einsetzen. So können Sie Ihr Repertoire an Methoden der Einwandbehandlung vergrößern und flexibler reagieren.

Für das leichtere Lernen wäre es natürlich hilfreich, eine Methode zu kennen, die wir bei allen Einwänden und Kunden einsetzen können. Der Einsatz der jeweiligen Methode hängt aber ab von

- dem konkreten Kundeneinwand (Nicht jede Methode kann auf jeden Einwand angewendet werden, Methode 4 nur beim Preiseinwand und Methode 8 nur bei einem vermuteten Preisvorwand),
- dem Persönlichkeitstyp des Kunden (Was kommt bei welchem Kundentyp gut an? Methode 2, 4 und 10 bei Blau-Dominanten, Methode 5 bei Rot- und Gelb-Dominanten und Methode 7 und 9 bei Rot-Dominanten. Bei Grün- und Blau-Dominanten geht besonders gut Methode 10),
- meinem Persönlichkeitstyp (Was kann ich gut umsetzen? So erfordern die Methode 5 und 7 einen beachtlichen Rot-Anteil des Verkäufers und die Methoden 2, 4 und 10 bevorzugen eher blau-dominante Verkäufer).

Es gibt aber nur sehr wenige Methoden, die wir nahezu bei allen Einwandarten und Kundentypen einsetzen können. Diese sind aus meiner Sicht

- die Ja-und-Methode (Methode 1),
- die Sandwich-Methode (Methode 3),
- die Frage-Methode (Methode 6).

Wenn Ihnen eine dieser Methoden liegt, so probieren Sie es doch einmal aus.

Bei der Sandwich-Methode hat sich folgende Vorgehensweise bewährt:

1. Mit Namen ansprechen: „Sehr geehrter Herr XY ..."
2. Wichtiges Nutzenmerkmal voranstellen: „... bei dieser Topqualität, die wir Ihnen bieten ..."
3. Einwand akzeptieren: „... ist es klar, dass wir im Preis etwas höher liegen ..."
4. Weiteren Nutzen herausstellen: „... und außerdem haben wir einen einmaligen Service."

Bei der Frage-Methode ist es wichtig, dass Sie herausfinden, mit welchem Produkt er Ihres vergleicht, damit Sie diesen Nachteil zuerst einmal selbst bewerten können und die Vorteile Ihres Produktes dem gegenüberstellen können. Dazu ist es hilfreich, möglichst offen zu fragen und dann gegebenenfalls Konkretisierungsfragen (geschlossene Fragen) zu stellen.

Gängige Vorwände:

- „Zu teuer"
- „Darüber brauchen wir uns nicht weiter zu unterhalten."
- „In diesem Punkt sind wir bestens versorgt."
- „Daran haben wir kein Interesse."

Gängige Einwände:

- „Momentan habe ich keine Zeit für einen Termin."
- „Bitte schicken Sie mir erst mal schriftliche Unterlagen."
- „Sie sind zu teuer."
- „Wir haben schlechte Erfahrungen mit diesem Thema gemacht."
- „Für diesen Bereich haben wir bereits einen Anbieter."

Behandeln Sie den Einwand, indem Sie

- Verständnis zeigen,
- den Einwand durch ein Lob abfedern,
- spiegeln.

Mögliche Formulierungen:

- „Ja, das kann ich gut verstehen ..."
- „Es ist verständlich, dass Sie einen vollen Terminkalender haben".
- „Hervorragend, wenn Sie in diesem Punkt bereits mit einem Anbieter zusammenarbeiten ..."
Setzen Sie dahinter eine der drei Methoden (1, 3 oder 6) der Einwandbehandlung.

Viele unserer Kunden bringen aber auf unsere (Nutzen-)Argumentation selbst ein „Ja, aber...". Das heißt, die Ja-aber-Methode wird gegen uns angewandt. Sie können darauf wieder mit den erwähnten Methoden reagieren. Wenn Sie aber mit einer kleineren Gruppe diskutieren oder vor einem größeren Publikum präsentieren, so bietet sich eine besonders trickreiche Variante an:

**Die Drei-F-Methode im Umgang mit „Ja, aber ..." (des Kunden)**
Wenn Sie vor drei oder mehr Personen Ihr Produkt/Ihr Thema präsentieren, so treffen Sie die drei Fs an: Freund – Feind – Fähnchen im Wind. Stellen Sie sich

## 5.4 Kundenorientierte Gesprächsführung in der Angebotsphase

nicht gegen den Feind und verbrüdern Sie sich nicht mit dem Freund (Drei-F-Methode im Umgang mit „Ja, aber ..." in Anlehnung an ein Skript von Andreas Bornhäußer).

Die hohe Kunst ist es, den Freund zur Entschärfung des Feindes einzusetzen und damit das Fähnchen im Wind auf die eigene Seite zu ziehen.

Wie gehe ich jetzt ganz konkret mit dem „Ja, aber ..."-Einwand um? Erfragen Sie zuerst das Motiv hinter diesem Einwand, denn hinter jedem Einwand steht ein Motiv, eine Absicht (Was will er?). Damit gewinnen Sie Zeit und häufig erhalten Sie durch die Erläuterungen des Einwandgebers gute Hinweise für Ihre eigene Argumentation. (Voraussetzung: Sie hören auch gut hin!)

Für jede Sicht gibt es gute Gründe. Akzeptieren Sie die Sicht des anderen und bitten Sie ihn, auch Ihre Sichtweise zu akzeptieren.

Geben Sie dem Einwandgeber zunächst etwa folgendermaßen recht: „Sie haben sicherlich einen guten Grund dafür, dass Sie dies so sehen, wie Sie es sehen." Dem wird er zustimmen. Dann holen Sie sich sein Ja ab, denn er hat seinen Einwand vermutlich mit den Worten „Ja, aber ..." eingeleitet. Zum Beispiel mit den Worten: „Sie haben eben, Ja, aber...' gesagt. Das bedeutet, einem Teil meiner Ausführungen stimmen Sie zu. Gestatten Sie mir zunächst die Frage: In welchen Punkten stimmen wir denn schon überein?" Dieses Vorgehen wird ihn überraschen, aber er wird dennoch ausführen, in welchen Punkten er bereits Konsens mit Ihnen hat.

Wiederholen Sie jetzt noch einmal seinen Einwand und fragen Sie dann in die Gruppe: „Wer kann sich denn hier eher meiner Sicht der Dinge anschließen?" Damit aktivieren Sie Ihre Freunde, diese äußern sich mit Ihrer Argumentation gegen den Feind. So lassen Sie diese Diskussion einen Augenblick laufen. Es werden sich weitere Freunde und Feinde einschalten.

Im „richtigen" Augenblick steigen Sie wieder ein und fassen die wesentlichsten Aspekte der Diskussion als „Moderator" vermittelnd zusammen – tendenziell zu Ihren Gunsten – und erhöhen die Chance, dass sich die Fähnchen im Winde dieser Tendenz anschließen – auf jeden Fall sind Sie aus der Verteidigungsrolle heraus. Anschließend sollten Sie aber dem Einwandgeber noch einmal signalisieren, dass es selbstverständlich sein Recht bleibt, diesen Teilaspekt anders zu sehen.

Diese Vorgehensweise funktioniert dann nicht, wenn der Einwandgeber der hierarchische oder informelle Chef der Teilnehmer ist und hierarchisch führt.

In diesem Fall bleiben Ihnen aber immer noch die Möglichkeiten des Zustimmens und der Motiv/Absicht-Hinterfragung.

Dieser Umgang mit dem „Ja, aber ..." des Einwandgebers bietet sich zum Beispiel bei Vorträgen, Kongressen, Messen oder für Präsentationen vor größeren Entscheidergruppen an.

## 5.4.2.4 Häufige Einwände und Vorwände aus der Praxis

Sie werden im Alltag immer wieder mit denselben Einwänden konfrontiert. Deshalb ist es hilfreich, auf diese Einwände vorbereitet zu sein und nicht jedes Mal neu zu improvisieren.

Bitte schreiben Sie sich die wichtigsten Einwände, die Sie immer wieder zu Ohren bekommen, hier wortwörtlich auf und erarbeiten Sie sich gute Antworten dafür. Die Antworten sollten zu Ihnen und möglichst zu allen Kundentypen passen. Um eine große Auswahl an möglichen Antworten zu erhalten, wenden Sie am besten die zehn Methoden auf den jeweiligen Einwand an. Die aus Ihrer Sicht beste Antwort schreiben Sie sich wortwörtlich auf, lernen Sie diese auswendig und üben Sie die Antwort ein. Dann kommen Sie bei diesen Einwänden nie mehr ins Strauchaln.

1.) _____
2.) _____
3.) _____
4.) _____
5.) _____
6.) _____
7.) _____

## 5.4.3 Methoden der erfolgreichen Preisverhandlung

Für viele ist die Preisverhandlung, das Erklären und Verteidigen des Angebotspreises, offensichtlich der schwierigste Part des gesamten Verkaufsgesprächs. Der Grund: Weil viele den eigenen Preis als zu hoch empfinden!

Warum wird der Preis selbst häufig als zu hoch empfunden?

1. Tagtäglich müssen wir uns vom Kunden anhören, dass der Preis zu hoch ist. Niemals hören wir: Dafür sollten Sie einen höheren Preis nehmen.
2. Nicht alle sind auf die Preisverhandlung genügend vorbereitet und haben alle erforderlichen Informationen. Die Gewinnspanne ist meistens nicht bekannt, genauso wenig wie die Entwicklungskosten oder die Werbe- und Vertriebskosten.
3. Oft wird vom Kunden der Preis (zu teuer!) vorgeschoben (Vorwand), obwohl es ganz andere Gründe dafür gibt (bessere Konkurrenzkontakte, Antipathie gegenüber dem Verkäufer, „Vitamin B" etc.). Und wir glauben auch gar zu gern daran.

5.4 Kundenorientierte Gesprächsführung in der Angebotsphase

Und auch dann, wenn obige Punkte nicht relevant sind, bleibt der Preis immer ein Engpassfaktor. Denn der Preis ist eindeutig, messbar und vergleichbar. Demgegenüber ist der Warenwert (Produkt oder Dienstleistung) mehrdimensional, nur bedingt messbar (z. B. verschiedene Qualitätskomponenten) und vergleichbar sowie erklärungsbedürftig und in der Regel erst in der Zukunft zu erkennen.

### 5.4.3.1 Die Sprache des Verkäufers während der Preisverhandlung

Grundsätzlich gilt, dass der Kunde zuerst den Wert des Produktes erkennen soll, bevor der Verkäufer ihm den Preis „in klanglich angenehmer Weise" nennt. So hört sich „dreizehnhundert Euro" akustisch niedriger an als „eintausenddreihundert Euro". Dazu kommt, dass für viele Menschen Begriffe wie „Preis, Kosten, Sie müssen dafür... Euro bezahlen" etc. Reizworte und Stolpersteine sind.

Außerdem ist es sehr hilfreich, wenn Sie den Preis mithilfe der bekannten Sandwich-Methode nennen (s. Abb. 5.11). Das heißt, Sie packen den Preis in zwei schon erklärte Nutzenargumente, bei denen Sie wissen, dass diese Nutzen/Werte dem Kunden besonders wichtig sind, und beenden den Satz mit einer offenen Frage:

1. Kurze Nutzennennung 1
2. Preisnennung
3. Kurze Nutzennennung 2
4. Weiterführende, offene Frage

**Abb. 5.11** Den Preis mit der Sandwich-Methode nennen. (Quelle: Michael Flippo, Fotolia)

Mit positiver innerer Einstellung selbstbewusst den Preis von oben nach unten mithilfe der Sandwich-Technik benennen.

> **Beispiel**
> 1. „Unser Produkt ist qualitativ hinsichtlich XY unübertroffen."
> 2. „Sie bekommen dies je nach Spezifikation zum Preis von A (unser absolut hochwertigstes Produkt) bis runter zum Preis von B (Basispreis)."
> 3. „Außerdem erfüllt unser Lieferservice alle Ihre Wünsche."
> 4. „In welchen Bereichen würden Sie jetzt welche Spezifikation am ehesten einsetzen?"

Weitere professionelle Reaktion auf „Zu teuer!":

- Quittieren des Einwandes: „Natürlich, der Preis muss stimmen..."
- Kundenspezifische Argumentation: „... Sie bekommen dafür auch..."
- Abschlussorientierte, weiterführende Fragen: „... dazu noch eine Frage: Welche Serviceleistung würde Ihnen die Bestellabwicklung vereinfachen?"

Verkäufer, welche die Preise Ihres Unternehmens erfolgreich umsetzen können und im immer härter werdenden Preiskampf standfest bleiben, sind die Erfolgsgaranten eines Unternehmens (s. Abb. 5.12).

### 5.4.3.2 Umgang mit vorzeitigen Preisfragen

Grundsätzlich gilt, dass Sie nicht vorschnell (bevor Sie eine Wertvorstellung beim Kunden aufgebaut haben) auf den Preis eingehen sollten. Auch dann nicht, wenn der Kunde Sie ausdrücklich dazu auffordert. Die vorzeitige Preisfrage ist meist in einer Geringschätzung begründet. Bevor Sie keine Wertvorstellung aufgebaut haben, ist jeder Preis grundsätzlich zu hoch.

Im Folgenden sind fünf Methoden kurz dargestellt, mit denen Sie eine vorzeitige Preisverhandlung verhindern:

1. **Die Beantwortung mit einer Gegenfrage**
   Wenn der Preis von der Höhe der Bestellung des Kunden abhängt, bietet es sich an, die Preisfrage mit einer Gegenfrage (z. B. nach der gewünschten Liefermenge) zu beantworten. Sie sollten also das Gespräch nutzen, um beim Kunden eine Wertvorstellung aufzubauen.

**Abb. 5.12** Top-Verkäufer beherrschen den Preiskampf. (Quelle: Strandperle, getty images)

*Verkäufer zum Kunden:* „Bei uns bestimmt der Kunde den Rabatt mit, denn dieser hängt von der gewünschten Bestellmenge ab. Welche Anzahl wollen Sie bestellen?"

2. **Aufschub mit freundlicher Warnung**

   Sagen Sie dem Kunden, wenn Sie auf den Preis zu sprechen kommen, warum Sie nicht gleich darauf eingehen wollen (z. B. Fehlentscheidung), und bieten Sie dem Kunden eine „Versöhnung" (gemeinsam untersuchen) an.

   *Verkäufer zum Kunden:* „Herr Dr. Maier, vom Preis reden wir in fünf Minuten!" Denn wenn der Kunde nur den Preis kennt, so trifft er leicht eine Fehlentscheidung. Deshalb sollten wir den Nutzen, den dieses Produkt für Sie bietet, gemeinsam untersuchen.

3. **Die Kopfstoß-Methode**

   Sie sagen dem Kunden, dass dies das falsche Einkaufskriterium ist. Dies setzt natürlich voraus, dass Sie in sehr ruhigem, nicht aggressivem Ton mit dem Kunden sprechen, ohne diesen persönlich anzugreifen.

   *Verkäufer zum Kunden:* „Nur den Kaufpreis zu betrachten heißt, das Problem von der falschen Seite anzugehen!"

4. **Die Flucht nach vorn**

   Wenn Ihr Produkt einen einzigartigen Produktvorteil hat, so gehen Sie auf die vorzeitige Preisfrage ein, indem Sie den Mehrpreis nennen. Stellen Sie diesen Mehrpreis dann in eine Zeitperspektive und relativieren Sie ihn. Anschließend präsentieren Sie dem Kunden die Mehrleistung.

*Verkäufer zum Kunden:* „Unser Produkt XY kostet Sie zwar etwa zehn Prozent mehr als beim Wettbewerber, aber in fünf Minuten werden Sie wissen, warum es für Sie keine bessere Investition als diese zehn Prozent mehr gibt."

5. **Die Isolations-Methode**
Sie klären ab, ob dies der einzige Einwand ist (bei Nein zuerst die anderen Einwände entschärfen). Kommt der Kunde auf diesen Punkt nicht mehr zurück, war es nur ein Vorwand. Wenn es der einzige Punkt ist, dann müssen Sie eine Lösung aushandeln.

*Verkäufer zum Kunden:* „Ist das der einzige Grund, der Sie zögern lässt, Herr Maier? ... Das heißt: Wenn wir uns im Preis einig werden, nehmen Sie es dann? ... Hier und jetzt?"

### 5.4.3.3 Methoden der Preisverhandlung

Grundsätzlich gilt, dass alle Methoden der Einwandbehandlung auch als Methoden der erfolgreichen Preisverhandlung eingesetzt werden können. Aus diesem Grund haben wir die Beispiele zu den Methoden der Einwandbehandlung immer am Kundeneinwand „Ihre Produkte sind mir zu teuer." festgemacht.

Sicherlich eignen sich die einzelnen Methoden im Einzelfall unterschiedlich gut, deshalb ist es für Sie wichtig, die gesamte Methodenpalette und die Einsatzgebiete der einzelnen Methoden zu kennen, um sie auf ihre Wirksamkeit bei Ihren Kunden sowie auf Ihre persönlichen Vorlieben und Fähigkeiten hin zu überprüfen.

Lesen Sie sich unter diesen Aspekten die Methoden der Einwandbehandlung bitte nochmals durch und markieren Sie die Methoden, die Sie bei Ihren Kunden für die Preisverhandlung als besonders geeignet halten.

**Typische Kundenaussagen in der Preisverhandlung**
Die im Folgenden aufgeführten Preiseinwände kommen in der Praxis häufiger vor. Deshalb sollten Sie auf die folgenden Kundenaussagen vorbereitet sein.

1. „Sie sind zu teuer!"
2. „Der Wettbewerb gibt mir einen deutlich höheren Rabatt!"
3. „Mein Budget lässt dies nicht zu..."
4. ...

### 5.4.3.4 Strategien für den erfolgreichen Preiskampf

Mit der Professionalisierung des Einkaufs und der immer größeren „Jagd nach Rabatten und Renditen" werden die Preiskämpfe immer härter. Ein Kampf ums

Überleben! Deshalb müssen Sie alle Strategien des erfolgreichen Preiskampfes beherrschen. Die wichtigsten Strategien, um den Preiskampf erfolgreich zu meistern, sind:

- Fairness gegenüber einem fairen Gesprächspartner
- Preisnennung von oben nach unten – Schlechteres immer zuerst nennen
- Mehrstufige Etappenverhandlung einplanen
- Stets aufrunden (nicht abrunden), damit Sie noch Verhandlungsmasse haben
- Gegenforderung stellen, so sieht der Kunde, dass der Preis ausgereizt ist
- Naturalrabatt besser als Preisnachlass, da im Naturalrabatt noch Marge steckt.
- Bonus besser als Rabatt, damit orientiert sich der Preis an der realen Menge.
- „Treffen wir uns in der Mitte ...", diese setzen Sie zu Ihren Gunsten an, lassen sich auf die echte Mitte herunterhandeln und geben ihm ein gutes Gefühl mit:
- „Sie sind ja eine ganz harte Nuss ..."
- Hoch verkaufen (Menge, teureres Produkt)

## 5.5 Kundenorientierte Gesprächsführung in der Abschlussphase

Benchmark: Wer versteht es (in unserem Team) am besten, einen erfolgreichen Abschluss sicherzustellen (s. Abb. 5.13)? Wie macht er oder sie dies?

Nachdem die Kundeneinwände beseitigt und Preise und Konditionen ausgehandelt wurden, gilt es, rechtzeitig den „Sack zuzumachen". Dabei stellt sich die Frage: Woran erkenne ich, dass der Kunde kaufbereit ist? Wie erkenne ich Kauf- bzw. Abschlusssignale?

### 5.5.1 Kauf- bzw. Abschlusssignale

Unter Kaufsignalen verstehen wir verbale oder körpersprachliche Signale des Kunden, die dem Außendienstmitarbeiter zeigen, dass der Kunde zu einer Entscheidung gekommen ist. Jetzt sollten Sie aufhören zu argumentieren und sofort zum Abschluss (zur gemeinsamen Vereinbarung) kommen.

▶ **Wichtig:** „Beweis ohne Not ist tot!"

Typische Kaufsignale sind bzw. können sein:

- Direkt ausgesprochener Kaufwunsch des Kunden

**Abb. 5.13** Mit breiter Brust als Erster im Ziel. (Quelle: Strandperle, Comstock)

- Kunde erhebt keine Einwände, nachdem das Angebot gemacht wurde
- Fragen des Kunden nach Details, die sich auf Verwendung beziehen
- Fragen des Kunden nach Praxisbewährung und Referenzen
- Kunde formuliert öfters Zustimmung und identifiziert sich mit dem Produkt
- Kunde empfiehlt eine Präsentation des Produktes vor Kollegen
- Kunde äußert sich negativ über vergleichbare Anbieter
- Schlagartig positiv veränderte Körperhaltung (innerer Ruck)
- Häufig zustimmendes Nicken und interessierter Blick
- Kunde schweigt und betrachtet das Produkt wohlwollend

Solche Kaufsignale kommen meist nach

- einer erfolgreich abgeschlossenen Argumentationsrunde,
- der Beantwortung einer kritischen Frage oder eines Einwandes,
- der Preisnennung oder
- einer unfreiwilligen Gesprächsunterbrechung (z. B. Telefonat).

Leider verpassen wir gelegentlich diese Kaufsignale. Dies liegt meist daran, dass

## 5.5 Kundenorientierte Gesprächsführung in der Abschlussphase

- wir unbedingt alle Vorteilsargumente loswerden wollen,
- wir vor lauter Argumentieren nicht mehr auf den Kunden achten können und nur noch wenig Aufmerksamkeit für den Kunden haben,
- wir gerade keinen Blickkontakt zum Kunden haben,
- wir vor lauter Begeisterung für das Produkt am Kunden vorbeiargumentieren und nicht glauben wollen, dass wir es in so kurzer Zeit geschafft haben.

### 5.5.2 Abschlusstechniken

**a) Zusammenfassung mittels „führender" Fragen**

Wir fassen die wichtigsten Nutzenargumente mittels „führender" oder suggestiver Fragen zusammen und machen einen klaren Vorschlag zum Abschluss. Sie wiederholen nur solche Argumente, die den Kunden überzeugt haben und unterstreichen diese mittels unserer Finger (mit Fingern mitzählen) oder visuell auf einem Blatt Papier (Argumente aufschreiben).

*Beispiel:*

- *Außendienstmitarbeiter:* „Wir haben erarbeitet, dass unser Produkt XY technisch das Beste auf dem Markt zum Thema Z ist."
- *Kunde:* „Ja, das stimmt."
- *Außendienstmitarbeiter:* „Und ich habe Ihnen dargestellt, dass wir die Einzigen sind, die eine Lösung für das Problem W haben."
- *Kunde:* „Ja, dieser Punkt erscheint mir besonders wichtig!"
- *Außendienstmitarbeiter:* „Gut, wollen Sie gleich 20 oder nur 10 Stück davon?"

**b) Direkte Bestätigung**

Das empfangene Kaufsignal direkt mit einer Abschlussformulierung beantworten oder einfach nur den Auftragsblock auf den Tisch legen.

*Beispiel:*

- „Wie ich sehe, haben Sie sich entschieden."
- „Wie viele Einheiten von unserem Produkt XY wünschen Sie?"

**Abb. 5.14** Erfolgreich abschließen mit der Alternativfrage und der Sandwich-Methode. (Quelle: Michael Flippo, Fotolia)

**c) Alternativfragen**

Die Alternativfragen oder Positiv-Positiv-Methode stellen dem Kunden zwei positive Alternativen zur Auswahl. Die Alternativfrage ist als Abschlusstechnik besonders erfolgreich, wenn Sie die Sandwich-Technik voranstellen (s. Abb. 5.14).

*Beispiel:*

- „Diese innovative Technologie ermöglicht Ihnen ein bequemes Handling für X Euro, was Ihnen die Anerkennung Ihrer Kunden sichert und Ihren Erfolg zum Ausdruck bringt. Deshalb meine Frage: Wollen Sie das Produkt noch zum Weihnachtsgeschäft oder gleich zu Beginn des neuen Jahres?"

Dies folgt dem Schema:

1. Wichtigste Nutzennennung
2. Preisnennung
3. Zweitwichtigster Nutzen
4. Alternativfrage

Zögert der Kunde und verschiebt er seine Entscheidung in eine unkonkrete Zukunft, obwohl wir alle Einwände ausgeräumt haben und auch die Preisverhandlung zur gegenseitigen Zufriedenheit verlief, so kann uns folgende Abschlusstechnik noch helfen:

5.5 Kundenorientierte Gesprächsführung in der Abschlussphase 107

**d) Technik des Schweigens und Sitzenbleibens (Kohl-Technik)**

Wenn Sie nicht wissen bzw. verstehen, warum sich der Kunde nicht entscheiden will oder kann, bleiben Sie einfach sitzen und schweigen Sie. Aber übertreiben Sie es bitte nicht! Entweder spricht der Kunde von alleine und nennt seine Gründe oder er fragt Sie, warum Sie noch sitzen bleiben. Sagen Sie ihm dann, dass Sie sein Zögern nicht verstehen können.

### 5.5.3 Verhalten bei und nach dem Gesprächsabschluss

**Verhalten beim Gesprächsabschluss**
1. Keine neuen Gesprächspunkte!
2. Sicherheit ausstrahlen (Körpersprache und Wortwahl)!
3. Bleiben Sie kurz, konzentriert und freundlich.
4. Lassen Sie den Kunden seine freie Kaufentscheidung genießen.
5. Betrachten Sie das „Ja" Ihres Kunden als Selbstverständlichkeit.
6. Helfen Sie dem Kunden über die Schwellenangst des Kaufabschlusses hinweg.
7. Im richtigen Moment schweigen!

**Verhalten nach dem Gesprächsabschluss**
1. Zeigen Sie Ihre aufrichtige Freude über die künftige Zusammenarbeit (aber treten Sie nicht als Sieger auf; wo es Sieger gibt, gibt es auch Verlierer = Kunde).
2. Bestätigen Sie Ihrem Kunden die Richtigkeit seiner Entscheidung und wiederholen Sie nochmals die wichtigsten Argumente zur Gedächtnisverstärkung (beim blau- oder grün-dominanten Kunden). Später muss er mit diesen Argumenten seine Mitarbeiter und Kollegen überzeugen, und dann sind Sie nicht mehr da.
   *Verkäufer:* „Herr Dr. Maier, ich freue mich auf unsere künftige Zusammenarbeit. Sie haben eine vernünftige Entscheidung getroffen und werden in Zukunft zufrieden sein, denn mit unserem Produkt haben Sie nicht nur ..., sondern auch 1. ..., 2. ..., 3. ..."
3. Geben Sie ihm gegebenenfalls spezielle Tipps und Anregungen für den weiteren Einsatz des Produktes (falls noch nicht ausführlich erfolgt).
4. Sprechen Sie jetzt weitere Produkte nur an, wenn der Kunde nicht unter Zeitdruck steht. Nach einem guten, vertrauensvollen Verkaufsgespräch ist ein günstiger Zeitpunkt für Zusatzverkäufe bzw. Verkäufe von solchen Produkten, die

bisher von Konkurrenzfirmen abgedeckt wurden. Bewahren Sie sich stets den Blick für die gesamte Verkaufspalette Ihrer Firma unter Berücksichtigung Ihrer Kundenbedarfsanalyse.

## 5.6 Optimale Nachbereitung in der Praxis

Die beste Vorbereitung für das nächste Gespräch ist eine möglichst zeitnahe Nachbereitung. Machen Sie sich also sofort nach dem Verkaufsgespräch Ihre Notizen (noch im Auto Diktiergerät besprechen oder gleich in Karteikarte eintragen). Also unbedingt, noch bevor Sie die nächste Tätigkeit beginnen (s. Abb. 5.15). Arbeiten Sie die folgenden Punkte durch:

- Was ist mir gut gelungen?
- Was ist mir weniger gut gelungen?
- Was heißt dies konkret für mein nächstes Gespräch bei diesem Kunden?
- Was heißt es generell?
- Welcher Persönlichkeitstyp war der Kunde?
- Was muss ich für diesen Kunden bis wann tun? (Telefonate, Informationsmaterial, Retouren, Aktionsvereinbarungen …)
- Welcher Gesprächsaufhänger ergibt sich aus dem Gesprächsverlauf für das nächste Verkaufsgespräch?

**Abb. 5.15** Nachbereitung ist die beste Vorbereitung. (Quelle: bellemedia und Stadion: Elenathewise, Fotolia)

# Zum guten Schluss …

Wissen isoliert betrachtet ist nicht viel wert – und schon gar nicht für Verkäufer. Wissen muss umgesetzt werden! Für Sie als Verkäufer zählt nur das, was Sie auch umsetzen, denn nur das beeindruckt Ihren Kunden.

Deshalb:

Welche Ihrer Verhaltensweisen wurden in diesem Buch bestätigt und sollten Sie beibehalten? Und: Welche konkreten Anregungen haben Sie aus diesem Buch erhalten? Welche davon waren für Sie neu bzw. waren Ihnen schon bekannt, werden aber nicht ausreichend umgesetzt?

Falls Sie an sich arbeiten wollen, um noch besser als bisher und die anderen zu werden, so nehmen Sie sich für den nachfolgenden „Transfer in den beruflichen Alltag" ausreichend Zeit.

Es gibt nichts Gutes, außer Sie tun es!

Vielleicht sehen wir uns auf einem firmeninternen oder offenen Seminar (aktuelle Termine unter www.rainerfriess.de) wieder. Ich freue mich darauf.

Viel Erfolg und Freude mit Ihren Kunden wünscht Ihnen

Ihr

# Anhang

## Transfer in den beruflichen Alltag

Halten Sie hier Ihre wichtigsten Erkenntnisse schriftlich fest:

| lfd.Nr. | Erkenntnisse | Priorität |
|---|---|---|
| 1 | | |
| 2 | | |
| 3 | | |
| 4 | | |
| 5 | | |
| 6 | | |
| 7 | | |
| 8 | | |
| 9 | | |
| 10 | | |
| 11 | | |
| 12 | | |
| 13 | | |

© Springer Fachmedien Wiesbaden 2015
R. Frieß, *Mit olympischem Verkaufen zum Erfolg*,
DOI 10.1007/978-3-658-05649-0

14_____

15_____

16_____

17_____

18_____

19_____

20_____

**Ich werde konkret Folgendes tun (Wie? Mit wem? Wann? Bis wann? Mit welchem Erfolg? Woran messe ich den Erfolg?):**

1._____
_____
_____
_____
_____
_____

2._____
_____
_____
_____
_____
_____

3._____
_____
_____
_____
_____
_____

# Anhang

4. _____

5. _____

6. _____

7. _____

▶ Es gibt nichts Gutes, außer Sie tun es!
  Wenn nicht jetzt, wann dann?

**Abb. 1** Geht nicht, gibt's nicht! Quelle: Greg Epperson, Fotolia

## Weiterführende Literatur

Die folgenden Bücher waren Informationsträger bzw. eignen sich zur Vertiefung:
*Angerbauer, Klaus*
**Hört auf zu verkaufen**
Haufe Gruppe, Freiburg, 2013
*Birkenbihl, Vera F.*
**FRAGETECHNIK schnell trainiert**
mvg, München, 14. Auflage 2013
*Detroy, Erich-Norbert*
**Sich durchsetzen in Preisgesprächen und -verhandlungen**
mi, Zürich, 14. Auflage, 2010
*Fink, Klaus-J.*
**Bei Anruf Termin**
Gabler, Wiesbaden, 4. Auflage 2013
*Milz, Markus*
**Vertriebspraxis Mittelstand**
Springer Gabler, Wiesbaden, 2013
*Scheelen, Frank M.*
**Menschenkenntnis auf einen Blick**
Sich selbst und andere besser verstehen
mvg, München, 2. Auflage 2006
*Scheelen, Frank M.*
**So gewinnen Sie jeden Kunden**
Das 1 × 1 der Menschenkenntnis im Verkauf
REDLINE Wirtschaft, Frankfurt, 2011
*Scherer, Hermann*
**Ganz einfach verkaufen**
Gabal, Offenbach, 2003
*Schreiber, Peter*
**Das Beuteraster**
Orellfüssli, Zürich, 2001
*Schulz von Thun, Friedemann*
**Miteinander reden, Teil 1–3**
Rowohlt, Hamburg, 2008
*Taxis, Tim*
**Heiß auf Kaltakquise**
Haufe Gruppe, Freiburg, 2. Auflage 2013

MIX
Papier aus verantwortungsvollen Quellen
Paper from responsible sources
**FSC® C105338**

If you have any concerns about our products,
you can contact us on
**ProductSafety@springernature.com**

In case Publisher is established outside the EU,
the EU authorized representative is:
**Springer Nature Customer Service Center GmbH
Europaplatz 3, 69115 Heidelberg, Germany**

Printed by Libri Plureos GmbH
in Hamburg, Germany